# 编 委 会

教师专业发展学校探索书系

JIAOSHI ZHUANYE FAZHAN XUEXIAO TANSUO SHUXI

# 智慧花开

## 普宁市第三中学教师论文成果集

ZHIHUI HUAKAI

PUNINGSHI DISANZHONGXUE JIAOSHI LUNWEN CHENGGUOJI

主编 周壮润

副主编 唐大光 张仲曙

本书出版得到韩山师范学院创建国家教师教育创新实验区项目经费支持

暨南大学出版社

JINAN UNIVERSITY PRESS

中国·广州

图书在版编目（CIP）数据

智慧花开：普宁市第三中学教师论文成果集/周壮润主编；唐大光，张仲曙副主编. —广州：暨南大学出版社，2019. 2
（教师专业发展学校探索书系）
ISBN 978 - 7 - 5668 - 2567 - 4

Ⅰ. ①智…　Ⅱ. ①周…②唐…③张…　Ⅲ. ①中学教育—教育研究—文集
Ⅳ. ①G632. 0 - 53

中国版本图书馆 CIP 数据核字(2019)第 020460 号

**智慧花开：普宁市第三中学教师论文成果集**
ZHIHUI HUAKAI：PUNINGSHI DISANZHONGXUE JIAOSHI LUNWEN CHENGGUOJI
**主　编：周壮润　副主编：唐大光　张仲曙**

---

出 版 人：徐义雄
责任编辑：黄　斯
责任校对：朱良红
责任印制：汤慧君　周一丹

出版发行：暨南大学出版社（510630）
电　　话：总编室（8620）85221601
营销部（8620）85225284　85228291　85228292（邮购）
传　　真：（8620）85221583（办公室）　85223774（营销部）
网　　址：http：//www. jnupress. com
排　　版：广州市天河星辰文化发展部照排中心
印　　刷：广州市穗彩印务有限公司
开　　本：787mm × 1092mm　1/16
印　　张：9. 25
字　　数：125 千
版　　次：2019 年 2 月第 1 版
印　　次：2019 年 2 月第 1 次
定　　价：38. 00 元

# 序

欣阅《智慧花开——普宁市第三中学教师论文成果集》书稿，看到老师们在教学实践中结出累累硕果，我感慨万千，心潮澎湃。作为普宁市第三中学发展的参与者，目睹学校的发展变化，欣喜之情油然而生。

随着新课程的实施，教育教学改革也进入新的攻坚阶段，出现人们更关注的教育模式、教育的品位和质量、人的性格培养和知识的开发等问题，只有通过科学研究，用理论指导实践，才能很好地解答。

出版论文集是开展教育科研的有效形式，它动员众多教师力量，通力合作，实践自己提出的课题，进行科学研究，既解决了问题，又培养了教师，是提高教学质量的一个好办法。

有事业心的教师都想尽最大努力教育好学生，在教学的过程中实现自身价值，但很多人苦于无法找到好方法去达成自己的目标，因而压抑、苦闷，甚至厌教。只有通过教育教学研究，遵循教育规律，努力寻求突破，用科学理论和实践激发学生的生命活力，并化成自己的智慧，才能使教学效果显著，让自己得心应手，感到其乐无穷。

虽然本论文集中还存在一些不足，但总体上来看应予以肯定。更难能可贵的是，从论文遴选到结集出版过程都得到了韩山师范学院的鼎力支持，在此表示衷心的感谢。

最后，衷心希望一支研究型的教师队伍，在普宁市第三中学这片美丽的沃土上不断成长，枝繁叶茂，硕果飘香。

周壮润
2018 年 3 月

# 目　录

# 因为懂得　所以更爱

王　爽

康有为在《大同书》中说："不论男女皆得为师，惟才德是视。"的确，师德是教师及从事教育这一行业的人的行为准则，它要求教师以身作则，在品行、道德规范上约束自己。在学生心目中，教师是社会的准则，是规范，是父母的化身，是学习的榜样。他们会把师德高尚的教师作为学习的榜样，效仿其一言一行，所以教师的一举一动能对学生起到潜移默化的作用。师德，是教师素质的灵魂。

## 一、用爱心培育，铸崇高师德

温家宝曾对教师们说："作为一名教师，首先要有爱心。没有爱心，就没有教育。"对待学生，必须有足够的耐心，他们就像刚刚栽种的树苗，很脆弱地成长，需要我们细心呵护与灌溉，这就要求教师必须有崇高的道德。在一定程度上，对学生的热爱就是对教育事业的热爱。但热爱学生本身不是一件容易的事，让学生体会到教师的爱就更是难上加难。林崇德教授认为："疼爱自己的孩子是本能，而热爱别人的孩子是神圣！"因为从本质上来讲，教师的爱就像是父母对孩子的爱，只有付出，不求回报，这种爱是神圣的。它是教师教育和感化学生的感情基础，孩子一旦体会到这种感情，就会"亲其师"，从而"信其道"，也正是在这个爱的过程中，教育实现了其根本的价值。因此，师爱才是师魂。

我经常和学生说："我站在讲台上，我们就是师生关系；我走下讲台，我们就是朋友关系。"并且将自己说过的话付诸实践。2014届的小严是一个偏科很严重的学生，对综合科学习十分痴迷，但是他的语文基础很差，时常别人会做的题，他一道都不会；别人十分钟就可以做完的题，他却需要很多时间。我察觉到这个问题后，就算再怎么忙，周一至周五放学后，都会把他单独留下来，为他补习语文的基本知识，这一补就是一年。这个孩子明白老师的良苦用心，暗自努力，将老师的爱化作动力，在一次又一次的考试中不断进步，最后一次考试，语文取得了95分的好成绩。小严非常感谢我的帮助，我对他说："你是我的学生，我有责任和义务为你排忧解难，今天你虽然学习成绩差一些，但是将来你可能会有一番骄人的成绩，老师教书育人不为别的，只为你在学习语文的时候不要留下遗憾，为实现你的梦想助力。"小严不负众望，在当年的中考发挥正常，被一所重点高中录取。这就是我当教师的原则，遇到有困难的学生，积极提供帮助，为他们排忧解难，做他们的倾听者。学生不管有什么问题都喜欢与我交流，在交流中我会传授给学生学习先要学会做人的道理。当你用爱心去教育学生时，他们就会被浓浓的爱所包围，这也是我想给予他们的。我相信即使是顽石，也会慢慢被爱心感化。

## 二、教以言相感，化以神相感

魏源在《默觚·治篇》中提到："教以言相感，化以神相感。"这无疑对教师提出了更高的要求。教师想"为人师表"，就得学会自重、自省、自警、自励、自强，以身作则，言行一致。要求学生做的，自己首先要做到；禁止学生做的，自己坚决不做，在行动上为学生做出表率。从孔子的"学而不厌，诲人不倦"，到近代人们化用李商隐的"春蚕到死丝方尽，蜡炬成灰泪始干"来赞誉教师，教师道德已成为我们民族宝贵的道德伦理财富。然而，近些年，各种思想冲击着教师，给教师带来了前所未有的困惑和诱惑，动摇了一部分教师的师德基础。纵使环境改变，我自岿然不动。因为教师必须爱学生，这种爱是一种执着，更是一种情怀。

我在教初二的时候，班级里来了一位全校最出名的问题学生——小军。通过和他的谈话，我发现他最缺少的是被尊重、被理解。他很难信任别人，因为他太缺少关爱了。鉴于这种情况，我告诫自己无论发生任何冲突，都努力克制自己，坚持用微笑的表情、信任的态度、鼓励的言语来激励他。利用午休时间，我主动找他聊他感兴趣的事，及时肯定他的优点，尽量不说缺点，适度提出希望。经过长时间的耐心引导，他在思想上有了很大转变。一次主题班会课，我大胆地把策划和主持的任务交给他，他也不负众望，主持得很成功，赢得了同学们的热烈掌声。小小的成功，于他而言，赢得的不只是收获成功的喜悦，更是别人对他的肯定。从此，班里的事他热心去做，放学后操场上少了那个乱跑的“淘气包”，多了一个埋头苦学的好孩子。一个学期下来，一个后进生变成了班级的“黑马”，性格也开朗了好多，脸上总是挂着自信的笑容，和同学打成一片。小军的改变不是偶然的，是用爱浇灌出来的。

**三、加强自身修养，丰富师德内涵**

《礼记·学记》中说：“学然后知不足，教然后知困。知不足然后能自反也，知困然后能自强也。故曰‘教学相长’也。”在教学过程中，教师与学生是双向互动的，学生在课堂上积极互动会促使教师有更多的发散思维，一个问题会开拓出更多相关的内容，这样学生受益，教师也有所学，这就是“教学相长”。

近些年来，多次出现教师猥亵学生、变相体罚学生等新闻报道。这一系列现象都在扣问教师的心灵，作为太阳底下最光辉的职业，他们为何会做出这样的举动？由此可见，教师在教学过程中只做表面功夫是不行的，更重要的是要从思想上树立师德的观念，努力学习师德理论。师德理论是教师进行职业道德修养的指导思想，掌握了它，才能辨别是非善恶，才能在自己思想领域里战胜错误的、落后的观念。只有以教师的道德规范来约束自己，尽量做到克己复礼，才不会迷失方向，从而成为一个有较高道德修养的人民教师。同时，教师还应该积极投身实践，做到知行合一。社会实践是提升教师道德修养的根本途径。教师只有融入教学实践中，积极处理师生之间、同事之间、教师与家长之间，以及与其他社会成员之间的关系，才能更好地分辨是非对错，使自己尽快成长起来，否则，一切都只是空谈。

学生的道德品质与家庭环境、社会氛围有很大关系，教师对其教育更是潜移默化的。学生在学校期间，教师对其教育和引导最为重要，教师在上课期间要充分调动学生学习的积极性，当学生遇到问题时，要及时帮助学生解决问题，树立学生的自信心。教师的一言一行都能为学生树立榜样，有责任感的教师，才能教育出有责任感的学生。这些人才毕业后分布在各行各业，对整个国家的文明建设起到重要的推动作用。

作为教师，要像萤火虫一样发光发热。因为我懂得学生的需要，所以我更爱他们；因为我懂得教师的师德，所以我更爱我的职业。

**参考文献**

［1］吴轩桂．浅谈班主任“爱的教育”［J］．新课程，2016（1）．
［2］蒋宝福．浅谈班主任爱的教育［J］．都市家教，2016（7）．

# "新课改"背景下高中文言文教学探究

魏　强

语文新课标明确指出：语文教学"应致力于学生语文素养的形成"。传承民族文化，吸取中国古典文学的精华，是文言文教学的主要目的。相比现代文，学生对文言文的兴趣要淡一些，感悟能力要弱一些。纵观新课标试卷中文言文试题的设置，更趋向于对文学素养的考查。基于此，教师在讲解文言文时，要适时地调整教学方法，不能将一篇文质兼美的文章分解得支离破碎，毫无美感可言，把学生变成记笔记、背诵的机器。教师大讲特讲其艺术特色、人物形象，学生虽听得津津有味，但合上书本，又好似无所收获。因此，如何在新形势下提高文言文教学的质量，成了语文教研的热门话题。

为了更快地跟上改革步伐，培养学生语感，提高学生的文言素养，笔者结合自己的教学实践，认为应从以下三个方面入手：

## 一、操千曲而后晓声，观千剑而后识器

练习一千支乐曲之后才懂得音乐，观察过一千柄剑之后才知道如何识别剑器。只有不断积累，才能有所收获。这与学习文言文要培养语感有异曲同工之妙。语感培养深受语文教育者的重视，语感培养对古汉语学习的重大意义也在教育实践中被反复证明。夏丏尊先生指出："强烈敏锐的语感，是阅读能力和写作能力的核心。"叶圣陶先生说："文字语言的训练，我以为最要紧的是训练语感。"吕叔湘先生更是明确主张："语文教学的首要任务是培养学生各方面的

语感。”

语感能力是语文能力的核心，在语文素质中是至关重要的。所谓语感乃是认识主体对言语的一种感性和理性相统一的悟性，包含感知、理解和情感体验在内的言语活动过程。语感是在反复的语文实践中形成的一种高级语言实践习惯，它的获得要靠学生自己长期的语言实践。古人所说的“涵泳”“好书不厌百回读，其中滋味子自知”“读书百遍，其义自见”等，就是指这种语感的形成过程。所以，我们在文言文教学时，要特别注意培养学生的语感。最重要的就是从诵读入手，诵读时不仅要读清句读，更要读出文章的思想感情，这种诵读并非死读，而是对文章细微之处都弄清楚之后的诵读。叶圣陶说：“吟诵时，对于探究所得不仅理智地了解，而且亲切地体会，不知不觉间，内容与理法化而为读者自己的东西，这是最可宝贵的一种境界。”这里“理智地了解”“亲切地体会”，便是训练语感的活动过程。

教师在指导学生朗读的过程中，不能一味地带读，或者请学生朗诵。在读的过程中应该让学生多了解一些韵律、平仄、句读方面的知识，促进其对语言的感受力。例如，《离骚》作为我国文学史上最长的一篇抒情诗，诗人自抒苦闷与心志，情感溢于言表，教师在教学时应对朗读加以细致的指导。《离骚》是用楚地曲调吟诵的，音乐感很强，诵读时首先要划分好节奏。骚体诗的节奏要复杂一些，但仍有规律可循，每个诗句都可以分成两个部分，中间用虚词连接，它的基本句式是：“长——太息（以）——掩涕（兮）”“芳——与泽（其）——杂糅（兮）”，但这种句式并不是固定的，个别诗句有所变化。另外，诵读时，上分句末字“兮”，犹如现在的“啊”，读音要稍长些，押韵的字要重读，整首诗基本上是隔句押韵，经常换韵。朱熹曾言：“读书之法，在循序而渐进，熟读而精思。先须熟读，使其言皆若出于吾之口，继以精思，使其意皆若出于吾之心。”可见熟读成诵，熟能生巧，这是储备语言材料、培养语感、提升语言能力的一个必不可少的环节。

**二、问渠那得清如许，为有源头活水来**

文言文教学中的创新是指通过教学方式方法的改变，来提高学生学习文言文的兴趣和动力。比如，粤教版教材中节选的《鸿门宴》是一篇篇幅较长、人物复杂、情节交错的文言文。文章记叙了项羽和刘邦争夺天下，进行斗争的一个场面。文章主要通过人物间的矛盾和斗争以及人物个性化的语言、动作、情态等来体现戏剧冲突，这篇文章非常适合戏剧化教学。所以，在教学中可以尝试这种方法。

首先，根据学生意愿、性格、外貌特点来分配人物角色。主要人物角色有唯我独尊、优柔寡断的项羽，多谋奸诈、虚心请教的刘邦，远见卓识、刚愎自用的范增，眼光锐利、沉着冷静的张良，重情重义、为情所惑的项伯，护主心切、匹夫之勇的项庄，忠勇豪爽、粗中有细的樊哙，反复无常的曹无伤，外加一个旁白。

其次，确定戏剧化表演方案。学生要用普通话去演绎文本，这是为了让学生主动去翻译文章和分析人物动作与心理。其他没有担任人物角色的同学可按照他们的意愿来协助表演的同学，分成不同的阵营，主要是项羽派和刘邦派。要求学生课堂表演前先自己理解文章，收集有关资料以便能够正确把握人物的形象。同时要求学生在表演前自行排练，这也可以锻炼学生的组织能力。

最后，戏剧表演和教师总结。教师在观看学生表演的过程中要认真，留意学生的问题，表演完后先让其他学生评价总结，教师做最后的点评，针对没有表演到的动作、语言加以讲解，结合大纲要求进行深化。

文言文的戏剧化教学能够充分调动学生学习的主动性和积极性，使学生从一个被动学习者转变为主动学习者。学生年少、有活力，有表演和表现的欲望，戏剧化教学就为学生提供了一个表现和表演的平台。同时学生基本都有一颗争强好胜的心，都希望把自己优秀的一面展示出来得到其他同学的认可，因此他们能够尽心尽力去完成“演出”。这样的教学方式能够很好地完成教学要求和影响学生学习文言文的思维。高考的考试大纲中也明确要求学生能够掌握文言文中常见的文言实词、虚词和句式，理解文言文中的词句含义，读懂文章。文言文戏剧化的基础就是读懂文章、分析人物。所以在戏剧化教学的过程中就无形地完成了文言文的学习要求。而且学生会更加情愿去弄懂文言文的意思。同时，在以后的学习中学生会不自觉地融入自己的情感，创造情景，把自己当作主人公。

这种戏剧化教学能够丰富教师的课堂教学，转变教师文言文教学观念。教案式的文言教学不仅限制了教师教学水平的发挥，也深深地禁锢了学生的学习思维。文言文戏剧化教学不仅可以让教师从课堂中解放出来，将课堂交还给学生，还能改变学生单纯听讲记录的学习模式，减轻教师教学的负担，同时升华教师的教学理念。

### 三、随风潜入夜，润物细无声

语文新课标要求：“作为学生能够欣赏文学作品，更要从文学作品中提高自己的文学素养。”今年广东高考将采用新课标试卷，其中古诗文阅读涉及文学常识考题，可见提升学生的文学素养的重要性。一个人的文学素养往往决定了其文学欣赏的能力。

教师在平时讲课的时候可以充分利用课文，潜移默化地引导学生欣赏文本之美。在学习中，学生如果能发现文本的美和内蕴，也就说明学生的审美能力在不断提高，在品鉴文本层面上也升华到了另一种境界。所以，教师在教学过程中要注重语文应用、审美与探究能力的培养，促进学生均衡而有个性地发展。教材中所选的文言文具有深厚的情感价值和思想价值，是经过时代涤荡的经典文本。

陆机在《文赋》中说：“或藻思绮合，清丽千眠，炳若缛绣，凄若繁弦。”其意思是文藻情思汇合，显得文采鲜明，像锦绣般光彩缤纷，像琴弦般凄婉动人。苏轼的《赤壁赋》就蕴含一种羽化的美，细细品鉴有助于提升学生的文学素养。苏轼一生几度沉浮，历经生活磨砺，尝尽人生况味。其文章深刻地阐释了人生哲理，启迪了无数人的心智。数百年来，它熠熠生辉，光耀史册。在教学过程中，教师应引导学生去挖掘文章中的深刻思想和情感，培养学生自主的审美意识，主动去发掘文章背后所蕴藏的情感美、形象美和思想美。这篇文章情、景、理的融合，充满诗情画意而又蕴含着人生哲理的艺术境界，打破了赋在句式、声律和对偶等方面的束缚，更多的是散文的成分，使文章兼具诗歌的深致情韵。如“壬戌之秋，七月既望，苏子与客泛舟游于赤壁之下”，全是散句，参差错落之中却有整饬之美，余下的篇幅，虽都押韵，但换韵较快，而且换韵处往往就是文章的另一个段落。这种特性就使得文章适宜诵读，极富声韵之美，学生也能体会到文本的韵味，感受本文所蕴含的独特感受。用全新的角度去审视文言文，能拓宽学生的视野，帮助学生积累。教师在平时教学中“润物细无声”地将精简、凝练的文学知识传授给学生，学生的文化底蕴和素养自然就会提升。所以教师在讲解过程中一定要激发学生的审美观念，让学生主动体会到文本的魅力所在，才能让学生真正感受到学习文言文的意义。

文言的美文佳作，沉淀千年，它们散发着深沉而魅惑的光彩，教师在教学实践中应把学生引向赏析文言文的境界，拉近学生与文字之间的距离；更重要的是引导学生以发现美的心态去亲近、走近文本。相信学生在审美能力提高的过程中，文学素养定会充实而丰盈。

其实，文言文的教学方法还有很多。但不管哪种方法，都应该着眼于培养学生的文言语感，创新自己的教学设计，激发学生的求知欲，通过审美能力的提高丰富学生的文学素养。只要教师能针对学生的实际情况，在教学实践中积极探索，对文言文教学进行科学的、人文的、有效的教学设计，就一定能让文言文教学绽放光彩。

**参考文献**

[1] 中华人民共和国教育部．普通高中语文课程标准（实验）[M]．北京：人民教育出版社，2003.
[2] 何芳梅．论文言文的语感培养 [J]．考试周刊，2013（31）．
[3] 张由旭，何玉霞．初中古文教学中学生审美能力的培养 [J]．林区教学，2009（8）．

# 古诗文教学有效性途径探析

吴越秀

由于古诗文不像现代文这样比较直观明了、容易理解，且学生古诗文水平不同，教师在教学过程中若面面俱到，讲得太多，会导致没有足够的时间留给学生去动脑筋思考、去动手练习。一节课下来，教师累，学生受益也少。其实在古诗文教学中，适当地放手，不但教师得到解放，学生也能充分得到锻炼，有利于培养学生的各种能力，达到双赢的效果。基于此，我们以一课时为例，对古诗文教学的有效性进行了探索。

## 一、重视课中的朗读

朱熹说过：凡读书要读得字字响亮，不可误一字，不可少一字，不可多一字，不可倒一字，不可牵强暗记。只要多诵数遍，自然上口，久远不忘。朗读在古诗文中的重要性早被人们认同，对于高中生来讲，熟读课本中的精选篇目，读透其中的文义，无疑是了解古诗文最好的捷径。我们在古诗文教学中，每节课开始就让学生开口朗读作品，即采用以诵读为主的语境激趣。学习语言需要一个活的语境。要设置一个活的语境，需要一改以往以串讲法为主的教学方法，而变为以诵读法为主。古语说："读书百遍，其义自见。"因此，必须让学生读出来，从一个人单独诵读再到十几个、几十个人齐读，每节课都先诵读，通过朗读将课文无声的语言变为有感情的音响，在反复诵读中，学生不知不觉中就置身于文章之中了，语境自然就有了。而且诵读古诗文，慢慢地学生的语感就形成了，也就是说，学生慢慢地熟悉了古人的表达习惯，对文言文的语意理解起来就容易多了。再者，反复诵读也能积累写作素材。若能熟记诗词名句和文言文名句，再把它们引用到自己的写作当中，就能使写出来的文章显得更有文采，更有文学底蕴。可见，课堂的诵读是一举多得的好举措，更何况古诗文的语言充满美感，不诵读，如何感受到它们的美呢！所以书声琅琅本来就是语文课堂该有的样子。

## 二、重视课中的自主合作学习

新的语文课程标准指出：有效的语文学习活动不能单纯地依赖模仿与记忆，自主与合作交流是学生学习语文的重要方式，转变语文学习方式、倡导有意义的学习方式是课程改革的核心任务。教师和学生是教学过程的主体，当学生在学习过程中遇到困难时，教师可以和学生相互讨论，让学生的疑问充分释放出来。在古诗文教学中，教师课前设计好导学案并让学生先自学，课本注解有的或工具书上能查到的，教师放手让学生自己看、自己查，不越俎代庖。学生在完成导学案时，教师要明确对学生提出要求：首先是自己独立思考，然后才是学习小组合作，进一步讨论探究；实在解决不了的才留到课堂质疑。导学案的完成有助于学生明确古诗文学习的知识框架，而且有利于培养学生良好的预习习惯，并让学生带着问题走进课堂，有强烈的求知欲望。课堂上安排 15 分钟让学生在学习小组中交流自己在课前学习中遇到的难题，再合力去解决这些难题。教师可以有针对性地引导学生解决问题。这样的教学能够充分体现学生的主体地位，培养学生解决问题的主动性和能力，从而提高教学效率。

## 三、注重课中的师生互动

师生互动是激发学生学习兴趣、答疑解惑的重要途径。互动的环节首先是学生的质疑和教师的解疑。然后就是重头戏——教师抛出问题让学生思考解答。教师要根据学生的实际，设计出难易适中、循序渐进、不枯燥乏味，又能解决文本重难点的一系列问题。这样才能确保课堂上师生互动能有效地开展，课堂教学的有效性也才能实现。而且在师生互动中，教师要重视引导学生层层深入理解文意，并培养他们良好的思维习惯，提高他们解决问题的能力。在师生对话中，教师要善于倾听，及时给出正确的评价，要听出学生回答过程中的亮点，给予肯定、表扬，以增强学生的自信心；也要能听出学生学习过程中存在的问题，适当给予点拨、引导，要有具体的方法指导；更要尽量使不同程度的学生都能积极参与思考和互动，一节课下来使每个学生都能有所得，这才真正体现了课堂教学的有效性。

### 四、注重拓展和练习

教师要巧妙挖掘拓展点。课堂的拓展主要包括两个方面：一是知识点的巩固。如根据本节课学习的古诗文知识点，拓展到高考该知识点的考题，利用历年的高考题加深学生对该知识点的理解和掌握，而且放手让学生解题、讲题，使学生运用该知识点的能力和解题能力得到提高；二是挖掘教材的思想性，充分利用文本内容对学生进行思想品德教育。这也是语文教师的职责。每一篇优秀的古诗文，不仅是语言的精髓，更有深厚的人文底蕴。学生若能深入体会，必深得熏陶。如范仲淹的“先天下之忧而忧，后天下之乐而乐”表达了他心怀天下的豁达胸襟；屈原的“亦余心之所善兮，虽九死其犹未悔”表达了作者为追求家国富强，坚持高洁品行而不怕千难万险、纵死也无悔的忠贞情怀；杜甫的“安得广厦千万间，大庇天下寒士俱欢颜”体现了他忧国忧民的情怀。语文教师要带领学生走上这样的文化之旅，徜徉于古诗文的艺术殿堂之中，在充满美感的文字中培养高雅的情趣和高尚的情操，同时也切切实实地提高自己的语文素养。这样的拓展也使学生积累了丰富的写作素材，可谓读写双丰收。

总之，古诗文作品是中国古代文化的结晶，具有极为丰富的精神价值和内涵。“新课改”背景下古诗文教学任重道远，教师要转变陈旧观念，改变单一、低效的教学方法，提高古诗文的课堂教学效果；要更新教学理念，树立新课程意识，认清古诗文教学的根本任务；要明确每节课教学的重点与难点，不求面面俱到，不要胡子眉毛一把抓；要精心设计导学案，要对课堂有所预设。如何达到四十五分钟的高效，充分的课前准备和恰当的课堂调控至关重要。教师要体会学生学习过程中的困难之处，重点加以突破；合理地讲练，每节课都要有比较深入的信息反馈与调整，确保每节课的目标顺利完成，不断提高古诗文课堂教学的有效性。此外，教师在这个过程中一定要谨记：不要包办，要大胆放手，让学生在诵读、思考、解题等一系列活动中，不断提高古诗文的阅读理解能力和解题能力，这样教师也能减轻自己的课堂负担，达到师生双赢的效果。

**参考文献**

[1] 史建筑．走进名师课堂——高中语文［M］．济南：山东人民出版社，2008.

[2] 于漪．语文教学谈艺录［M］．上海：上海教育出版社，2012.

[3] 吴病沁，张志刚，孟祥英．走进高中语文教学现场［M］．北京：首都师范大学出版社，2011.

# 浅谈古诗词教学的相对有效性

伍柳霞

古诗词教学是一个内涵丰富的体系，有许多东西值得我们去探究。比如现在绝大部分的中小学教师都遵循一套模式：首先大量的诵读与识记；其次是对内容的解释与理解（包括对词句的翻译解说、主旨的把握）；最后让学生做题并且讲解，进而能简单解决试题中所遇到的相关问题。对于这种传统教学方法，笔者采取取其精华、去其糟粕的态度，再融入新课标中主动探究的理念，期待能增加学生对古诗词的知识积淀、丰富学生的语文素养，进而提高他们的综合能力。

## 一、认知作者及作品的创作背景

学习古诗词，先了解清楚作者的相关背景、经历等信息，才能更好地把握作者在行文中的用词与用意，进而更准确地把握作者所要抒发的情感。其中也涉及作者在不同时期因为经历不同导致其表达的情感有所不同，这就要求学生学会具体问题具体分析。比如李煜的词，存世共有三十余首，在内容上，以亡国降宋为界分为前后两期：前期词主要反映宫廷生活和男女情爱，风格绮丽柔靡，如《念家山》；后期词反映亡国之痛，哀婉凄凉，意境深远，极富艺术感染力，如千古流传的《虞美人》。再比如高中语文选修1课本第三课杜甫诗五首中，抒发对亲人思念之情的《月夜》与抒发孤独凄苦、忧国忧民之情的《登岳阳楼记》，情感就截然不同。再比如

《泊岳阳楼下》，表达尽管时局堪忧，前途未卜，但是诗人的报国豪情饱满高涨，仍然期待倾尽才华实现匡时济世的鲲鹏之志，从诗中的“艰危气益增”“变化有鲲鹏”可以看出。而《登高》更侧重于年老漂泊以及对时局动乱之感叹，从“艰难苦恨”“潦倒新停”等词句中可看出浓浓的凄凉落寞和无力感。所以说，同一个诗人在不同时期不同的事物面前所抒发的情感也是有区别的，这需要学生平时积极去找资料积累，更重要的是要能结合作者的身世背景，联系诗词中的一些关键性的词句去迁移已有的知识。因此在平时的练习中，要教会学生，遇到熟悉的诗人，懂得去对比、归纳、总结同一诗人不同时期不同作品中所表达的情感的异同；遇到不熟悉不认识的诗人，则尽量让学生利用既有资源去找寻相关的信息并将重要的文学常识积累记录下来，上课时再让一部分同学向其他同学分享自己所积累的劳动成果，这样做既能调动学生对学习古诗文的兴趣，也能在一定程度上提高他们的语言表达能力，更重要的是教会他们如何更好地去学习体会民族文化。当然，这需要花不少的时间才能见效，但知识本身就是需要积累和沉淀的。

## 二、品析关键词句与描摹意境

古诗文最讲究的是锻字炼词，作者将其万千心绪凝于字词之间，所以善于抓住关键性的字、词、句来赏析诗词是培养学生快速找准作者所要抒发的情感的重要手段。对字、词、句的理解是描摹意境的基础，有效准确地描摹出具体诗词的意境是为表达思想感情服务的。高中语文教学中所遇到的诗词几乎都涉及情感方面的考题，也是学生比较畏难的一个知识点，这就要求我们教会学生善于积累一些关键性的词句去把握作者所交代的感情基调，进而阐述思想情感。比如选修2《轻肥》中的“军中宴”“樽罍溢九酝，水陆罗八珍，果擘洞庭橘，脍切天池鳞”，这些都是一些罕见的食物，都罗列在宴会上说明奢侈；“意气骄满路”“走马去如云”说明骄横；而尾联笔锋一转“江南旱”“人食人”，说明贫苦百姓的生活是饥寒交迫，苦不堪言的，甚至流离失所，卖儿鬻女……这些内容都可以让学生进行描摹甚至可以让学生扮演宦官与百姓的角色，让他们更能设身处地去感受作者白居易通过对比的手法去塑造这两类人物的目的。这样他们自然而然就能准确把握作者的情感态度，进而把诗歌凝练的语言转化成具体的文字。通过联想想象把画面准确还原，这正是学生语文综合能力的体现。

## 三、古诗词中的文言知识

文言知识包括文言实词、文言虚词、文言特殊句式等方面的内容，它是学好古诗文的基础知识。古诗词中作者所要抒发的情感很多都是从一些关键性词语体现出来的，而这些词语大多是我们学过的文言知识中的实词，比如《轻肥》中的“溢” （满的意思）、“罗”（陈列、张罗的意思），都说明多、齐全。而“意气骄满路”中的“骄”，一般修饰人的文言解释就是骄横的意思，这样就把作者极力要表现的实质解读出来了，也很快就可以读出其思想感情。像这样的古诗词很多，这就要求学生大量地积累相关的文言知识，学会如何去把自己积累的知识灵活地迁移运用。

## 四、注重积累与诵读

“量变是质变的必要准备，质变是量变的必然结果”，这在古诗词学习中也得到充分的体现。“诵读积累”好比“量变”，“技巧运用”好比“质变”，没有诵读积累何来的技巧运用，因此可要求学生每天诵读积累至少一到两篇的古诗词，并在课前五分钟向其他同学展示；多鼓励学生参加学校的诗社，多读多看多感受多写，从而提高鉴赏能力，提升语文素养。

总之，中国是诗的国度，中华诗词不仅是一种文学存在形式，也是中华民族在历史征程中所选择的一种独特的生存方式和表达形式。学习中华诗词是我们解读民族文化，继承、弘扬民族精神的一个重要途径。古诗词的学习很重要，但更加重要的是学会如何理解、感受、体会、意会其中的博大精深。

## 参考文献

[1] 王志强．浅议古诗文教学中教师的文本意识和能力素养 [J]. 学周刊，2015（7）.

# 浅谈学生个性化阅读的培养方法

许文珊

语文课程强调教师要根据学生身心发展和语文学习的规律，关注学生的个体差异并适应这种差异，使学生的个性在语文学习中得到充分发展。由于每个学生的生活积淀、文化底蕴、审美价值千差万别，所以学生通过文本与作者的对话是一种个性化的行为，阅读教学应倡导走个性化阅读之路，让阅读的原野绽放出个性的花蕾。笔者认为，语文教师应该从以下三方面去引导学生进行个性化阅读。

## 一、教师要努力创造良好的阅读学习氛围

营造良好的阅读氛围是激发阅读兴趣、培养阅读习惯、提高阅读水平的重要前提和手段。[①]“世上没有两片相同的树叶。”一千个读者就有一千个哈姆雷特。学生在个性化阅读中，由于受心智水平、认知经验的限制，其理解、体验往往不能一步到位，对文本认识会存在一些偏差甚至谬误，有时还可能遇到很多疑难。在这种情况下，教师应该给学生创设自由交流的氛围，营造一个无话不敢说、无题不敢辩的对话心理场，让自由交流在一种轻松、和谐、愉悦的心境中进行。在平时的阅读教学中，语文教师要在自主、轻松的氛围中及时捕捉学生的闪光点，给予其鼓励和肯定，并及时地用恰当的方

① 彭广林．全方位营造全民阅读氛围——略论推进全民阅读的难点与着力点［J］．编辑之友，2015（2）．

式给予学生评价，帮助学生树立阅读的自信心，提高阅读的兴趣，让他们相信“天生我才必有用”。教师在阅读教学中要给予学生充分的阅读时间，让学生正确地读课文，让学生调动各种感官，读出感觉、读出味道、读出情趣。学生只有主动地进行个性化阅读，才能形成自己独特的阅读感受。比如讲解《生活中的闪光点》阅读片段时，教师可以巧妙地设计以“最佳神捕手”为主题的游戏竞赛，营造轻松活跃的阅读氛围。教师要求学生以小组为单位合作探究，让学生擦亮眼睛，仔细地去观察生活，捕捉生活片段。学生根据自己的生活体验提出不同的见解。同学甲：“小径上，一家人老老少少，你牵着我，我牵着你，稳稳地、暖暖地在阳光下散步是最美的风景。”同学乙：“商场里，收银员脸上一直挂着甜甜的微笑是最亮的风景。”同学丙：“奥运会上，运动健儿那自信奋力拼搏的身姿是最闪亮的风景。”同学丁：“公交车上，少年们主动给年老者让座是最暖的风景。”在自主发言轻松的学习氛围中，在个性与个性的碰撞与欣赏中，学生真正参与阅读教学活动，展现自己独特的见解，同时通过交流，也拓宽了视野，加深了对文本的认知。

## 二、教师要在阅读教学中多设计开放性的问题，进行开放性的引导

高中生的语文阅读是一个不断积累、渐进提高、质化飞跃的过程，在这一过程中，教师要充分发挥好组织和引导作用，运用有效策略提升阅读教学质量，为学生阅读水平的提升奠定基础。[①] 阅读既然是一种个性化的解读过程，那么，学生自然可以依据自己的“阅读期待”，对课文产生共鸣或质疑。所以，在问题设计上，应摒弃强调“标准答案”的限定性问题，设计一些能促进学生多向思维、个性思考的开放性问题，为学生思维的腾跃、个性的张扬提供广阔的空间。如讲解《散步》中父亲、母亲、奶奶和“我”的人物形象

① 许媛．高中语文阅读教学的有效策略分析［J］．亚太教育，2016（34）．

时，可以设计这样一个问题："如果现在你有一束鲜花，你会送给文章中的哪个人？请说说你的原因。"这是个富有余地的问题，学生通过文章中对人物的细节描写以及自身的认识和体验，可以从不同角度对人物形象进行阐述。学生甲："我想送给奶奶，因为她最后选择'我'喜欢走的小径，她很疼'我'。"学生乙："我想送给爸爸，因为他是个有责任心的好爸爸，他觉得奶奶老了，应该多陪她。"学生丙："我想送给妈妈，因为妈妈是个尊老爱幼的好妈妈，她很'疼'我，又孝顺奶奶。"学生丁："我想送给那个小孩，因为他很天真，跟童年的我一样。"学生通过多向思维、个性思考，对文本阅读理解得更加透彻、更加全面。

## 三、教师要在阅读教学中加强阅读反思

子曰："学而不思则罔。"可见，"反思"在提高阅读能力方面起着至关重要的作用。所以，作为一名语文老师要重视引导学生依据自己的"阅读期待"强化"阅读反思"，在自我反思中，不断修正自己的理解，从而精益求精。一般情况下，实现阅读反思的途径往往是由学生个体单独完成，即自我思考。比如，"我这个片段理解得是否恰当""这个问题是不是只有这个答案，还能不能从其他方面进行思考等"。阅读反思还可以通过合作交流来实现。如教学《愚公移山》时，可以布置一个作业："如果愚公移山的故事发生在今天，你会如何去移山？"巧设这样的问题，通过科技时代与愚公生活的时代之间的对比，启发学生思考愚公移山的做法是否理智，从而启发学生从另一层面去理解愚公的人物形象，多角度、多方位地思考，对文本的理解会更加全面。又如在教《猫》这篇文章时，教师可以在最后的教学环节中巧设"各抒己见，表达感悟"自主探究活动："学完这篇文章后，同学们对动物生命的价值是否又多一份思考呢？假如你是作者郑振铎，现在要给天堂的第三只猫寄一封信，你会写些什么呢"？学生根据自己对文章的不同理解，从不同角度、

不同层面去探究文章的主题。他们可以通过相互合作、相互分享、相互交流，发现他人对文本思维方法的独特之处，从而发现自身的不足及原因，并获得调整思路、改进学习方法的启示，最终达到集思广益、取长补短及加深对课文内容理解的目的。

法国教育家卢梭说："儿童有他特有的看法、想法和感情。如果用我们的看法、想法和感情去代替他们的看法、想法和感情，那简直是最愚蠢的。"作为语文教师，我们要明确学生阅读个性化的客观存在性。要营造轻松愉悦的阅读氛围，鼓励学生大胆表达自己的观点，重视阅读反思的训练，从而拓宽学生阅读面，提高学生阅读技能，培养学生的创新精神，让学生在阅读体验中，促进自身个性发展。

# 论提高语文课堂教学有效性的方法

许文珊

语文课堂教学的有效性不是看课上得如何漂亮，如何热闹，如何掌声雷动，而是要看学生学到了什么，知识有无增长，能力有无提高，求知的主动性、积极性如何，思想情操方面有无泛起涟漪，乃至掀起波澜，受到文本佳作“感情的传染”。① 在推广素质教育的今天，随着学习方式的革新、学习渠道的拓展，如何提高语文课堂的教学效率，对于语文教师来说是一个巨大的挑战。笔者认为，作为一名语文教师，除了要提高自身修养、了解教学对象的特点，深入钻研文本、认真备课外，还需要在培养学生的学习能力、学习兴趣和教师的教学设计等方面提高语文教学的有效性。

## 一、重视课前预习，培养学生的自学能力

俗话说：“兵马未动，粮草先行。”预习的效果，对教学效率的有效性起着举足轻重的作用。我们在检查预习情况时，往往发现效果并不理想，这就需要我们认真落实预习作业，在布置预习作业时必须提出明确具体的要求，对学生的预习作业做指导，教会学生自学的方法。如果学生能够按要求做好课前预习，教师进行课堂教学时，就能够根据学生预习的情况，更好地抓住文章的重点、难点，因材施教，提高学生学习效率。如果学生能够长期坚持预习，养成

① 于漪．语文课堂教学有效性浅探［J］．课程·教材·教法，2009（6）．

良好的自学习惯，自学能力也会逐步提高。

比如：在讲解《拣麦穗》第一课时前，教师可先出示教学目标、教学重难点，让学生明确学习目标，清晰地知道预习本课时在哪些地方多下功夫。然后布置具体的预习作业，让学生带着问题和任务去预习思考，提高学习的自觉性，指导学生在预习过程中遇到不懂的地方去查字典、查资料或作记号，以便课堂中提出来探讨解决。教师通过检查预习情况，就能够有针对性地进行讲解，从而提高课堂的有效性。

## 二、要善用多种教学方式，巧设教学环节

在教学过程中，教师要引发学生的好奇心和求知欲，不断满足学生的期待心理，让学生不断产生跨越障碍的愉悦感。在确定教学目标时，教师要充分考虑学生的学习基础，努力优化教学环节，摒弃华而不实的设计，保证课堂教学的有效性。[①] 子曰："知之者不如好之者，好之者不如乐之者。"兴趣是学习一切知识的动力。因此，课堂上激发学生的兴趣至关重要。苏霍姆林斯基也说过："在每一个年轻的心灵里，存放着求知好学、渴望知识的'火药'。就看你能不能点燃这'火药'。"激发学生的兴趣就是点燃渴望知识火药的导火索。比如课前的导入要做到激情、激奇、激趣。俗话说："好的开始是成功的一半。"

兴趣的激发要讲究方法和策略，做到恰到好处，不能让它喧宾夺主。可以用"谜语引趣""悬念引趣""故事引趣""小品引趣"等方式来唤起学生的求知欲望。例如讲解《散步》一文时，教师可先播放歌曲《让爱住我家》，营造一种温馨的氛围，然后利用多媒体展示现实生活中温馨的生活片段，由学生各抒己见，谈谈对家的感受，老师再巧妙地过渡："曾经有这么一家人，祖孙三代，爸爸背

---

① 王颖．高中语文课堂教学有效性探索［J］．语文教学通讯，2016（1）．

着奶奶，妈妈背着我，走得稳稳的，这又是一个怎样动人的故事，让我们一起走进作者笔下的《散步》，体验这温馨的时光。”从而激发学生的好奇心，自然投入课文的学习。

教学方式要做到灵活变通。比如在讲解《愚公移山》时，为了消除学生的心理障碍，尽量避免文言文教学的枯燥无味，教师可采用朗读法教学。先播放朗读音频让学生倾听，然后每一个段落指定不同的学生模仿录音朗读，再由全班学生对朗读者进行有效性评价，通过对比，让学生发现朗读过程中存在的不足。教师点评朗读过程中的语音语调、停顿节奏，让学生揣测这个实词、虚词为什么这么读。比如学生朗读“太行，王屋二山，方七百里，高万仞，本在冀州之南，河阳之北”时，教师及时质疑学生：“为什么‘高’这个字朗读时需要停顿、声音要拉长”；当读到“其妻献疑曰：以君之力，曾不能损魁父之丘，如太行、王屋何？且焉置土石”时，教师让学生模仿愚公妻子的语气和神态，再质疑：“为什么要用这样的语气来读?”启发学生思考，让学生主动去理解文本内容，让学生在朗读中逐渐融入自己的领悟和情感，并把自己感悟到的潜藏在文字背后的思想、哲理，以及难以名状的情感和体验通过抑扬顿挫的朗读表达出来，以催化学生对文本的品读与理解。这样就更容易激发学生学习文言文的兴趣，不再是缺乏活力、单一的教学模式，从而提高课堂的有效性。

### 三、充分发挥学生主动性，及时给予激励性评价

俗话说：“师傅不过领路人。”教师只是学习的指引者，学生才是学习的主体。孔子曰：“独学而无友，则孤陋而寡闻。”为了调动学生学习的积极性，发挥他们的主体作用，教师可以在语文课堂教学中以优势互补原则组建学习探究合作小组，提倡组内合作、组间竞争，效果明显优于单纯的竞争。

“学以思为贵。”在语文课堂上，要给学生足够的思考时间，千

方百计让更多的学生参与到语文课堂教学活动中来，跟随教师的思路积极思考，然后组织小组讨论、辩论、交流，解决问题，从而有效提高课堂教学效率。比如在讲解分析《猫》中第三只猫被害细节片段时，可设置“今天我是法官”教学环节，开展小组辩论，审判“芙蓉鸟被害案”。教师巧设问题，如：“犯罪嫌疑人是谁？对犯罪嫌疑人作案的惩罚方式是什么？真正的凶手又是谁，作者错在哪？”诱发学生的兴趣，驱动他们自觉地去研读文本，思考问题，通过小组竞赛方式，大大提高课堂效率。同时教师要及时给予激励性评价，正面引导学生，这样有助于学生欣赏自己的成功，增强自信心，提高学习语文的动机，培养成就感。语文激励性评价是实现有效学习的催化剂。

总之，提高语文课堂教学的有效性是一门深奥又有艺术性的学问。这需要教师不断地去探讨研究。“路漫漫其修远兮，吾将上下而求索。”如果教师能够在教学过程中激发学生的兴趣，创造活跃的学习氛围，那么，语文教学就会灵活起来、丰富起来，学生的主动性就能得到发挥。教师要努力以教学理论为指导，不断实践，不断总结，不断完善和创新，熟练地运用课堂教学的有效性策略，达到提高语文课堂教学有效性的目标。

# 语文课堂教学中的取舍问题

左和香

课堂教学是教师传播知识、完成教学任务的重要途径之一。对课堂教学要做到精心布局和设计，抓住重难点，但也要懂得知识的取舍。教师一定要对课堂教学的内容进行精心的取舍。如果不敢“舍”，就无法做出选择；什么都取，很可能什么也得不到。教师进行的取舍，体现了教师对学生的把握和教学重难点的把握。因为教师要进行取舍，首先要整体了解教学大纲和学生的实际情况，还需要全面了解教材，知道哪个知识点在什么时候讲解是最符合教材编写规律和学生学习阶段的。这样就能够做到既不超前导致学生不能理解，也不落后而影响学生的整体发展。

总的来说，课堂教学的取舍，是从宏观的教学大纲和微观的教学内容、教学手段和教学方法整体去考虑、选择的。

但是应该注意，我们所说的取舍不是孤立地针对一篇文章的取舍，而应该针对整个学习过程。我们应该把总体目标分解到一个个孤立的课堂中去，不能脱离整体谈部分，也不能脱离部分谈总体。

教师是教学活动的直接承担者，那么，语文教学中教师应该如何进行合理的取舍呢？

## 一、制定多层次教学目标

教学目标是预期的学习结果。崔允漷教授指出：“预期的学习结果是教学设计时关注的重点，是课堂教学过程的决定因素，也是教学效益中可评价的那一部分。”① 但是预期的学习结果是受预设教学目标影响的。如果一堂课的目标定得太高，那么基本难以完成；如果目标定得太低，即使完成了，也不会有很大的收获。所以，教师应该多层次地制定教学目标。

### （一）以教学大纲为基础制定教学目标

教学设计中的目标，大多是教师根据课程标准、教材的要求和学生的实际，按照自己的主观理解拟定的。它具有一定的普遍性，即面向全体学生，考虑其基本要求。

### （二）以学情为主体制定教学目标

教师在制定教学目标的时候，应该充分考虑学生的实际情况。学生的年级不一样，就算是针对同一篇文章，教师的教学目标也会不一样；学生的基础不一样、层次不一样，那么教师制定的教学目标也应该相应地发生变化。

比如笔者现在所教的两个班级。在讲古文的时候，教师都是要求学生先课余自己翻译，可以适当借助参考书。低年级的学生基本上不能够独立完成翻译任务，因为他们的古文底子不是很好；对于高年级的学生，教师将古文学习定位为基础学习阶段，先让他们熟悉古文。在教师的指导下，学生会主动去找参考书，或者说把资料上的参考译文抄写一遍，经过手写，对于古文的内容就能基本把握了，教师分析课文时，就更容易懂了。学生能够听懂，这个基本前提满足了，学习古文的兴趣也会提高。在课余时间，我问学生：“为什么上课要睡觉？”学生很诚恳地对我说：“老师，我根本就听不懂。”如果学生连基本的意思都不懂，又怎么去理解？更谈不上欣赏了。所以，对于我们班的学生，学习古文首先强调的就是翻译。其实，这也是现代古文教学的主要内容，所谓的重点实词、虚词、句

---

① 崔允漷．有效教学：理念与策略（上）［J］．人民教育，2001（6）．

式等，都是以它为基础的。抓住这个根本，才能够真正地解决问题。

但是最开始的时候，笔者在教学当中可能过于强调重点实词、虚词、句式等内容，让学生死记硬背，学生苦不堪言，这样不仅影响教学活动的开展，还会降低学生学习的兴趣，使他们畏惧古文，甚至是讨厌古文。这样，教师怎么能够教好古文呢？

### （三）以课堂实施为依据调整教学目标

在课程与教学设计的过程中，教师考虑最多的是预期的学习结果，而不是生成性目标。尽管在实际教学中，教师必须充分利用生成性课程资源，实现非预期的教学目标，[①] 但教与学的情况是很复杂的，教学本身是一个师生互动、共同创生的过程，学生学习的结果也是预设目标加上生成目标。

教师们应该注意：虽然在备课的时候有预设的目标，但并不是说课堂只能够朝着预设的目标前进，否则课堂就是无效的课堂。学生的思维是不受控制的，否则学生怎么会有那么多的差异。因此，我们应该明白，预设的目标只是一种预想，不等同于现实。在具体的教学活动中还是会有变化的。如笔者在讲《沁园春·长沙》时，课件做得非常详细，但是讲了一会儿之后，发现学生预习得很充分。于是就及时调整，将这节课由最开始的讲读课变成了一节以学生为主体的诗词鉴赏课。在鉴赏的过程中，不是抓所有的鉴赏点，而是只抓形象和表现手法两个点。因为笔者之前有向学生教授过这方面的知识，而且这两个点在这篇文章中非常明显。整节课虽然变了，但是学生分析起来有模有样，对形象和表现手法的了解更深刻了。是的，这和预设目标不一样。但是，只要学生愿意学并且能够学会，这难道能说没有达到教学目标吗？采取何种方式又有什么关系呢？

因此，教师应该抓住学生在课堂中那短暂的“求知欲”阶段，最大限度地加以利用，必定能够达到事半功倍的效果。

---

① 崔允漷．教学目标——不该被遗忘的教学起点［J］．人民教育，2004（Z2）．

## 二、选取教学内容

一直以来，一篇课文的教学都是面面俱到的，一堂课中，教师要讲的东西，从字、词再到内容、写作特点等缺一不可。如果不这样做，就会怀疑哪个地方没有讲，会不会影响学生的考试。殊不知，这其实是很不科学的，甚至会抑制学生学习语文的积极性。

那对教学内容要怎么样进行取舍呢？

### （一）设定课时目标，讲究实际

教师在备课时设定的教学目标不一定要和别人一样，只要是对自己所教的学生有益的，就是可以的。自己的学生自己才最了解。

如笔者在讲《赤壁赋》时，花了一节课时间让学生朗读，笔者设定的第一课时的目标就是“读通”文章。因为这篇文章历来是重点篇目，要求学生背诵。文章的第四段，道理比较深刻，学生理解起来有困难，如果在一节课中，想让学生明白，就没有多少时间去读课文了。于是，我首先的要求就是熟读，这样既有利于理解，更加有利于背诵，同时字音也都梳理好了。在读的时候讲究策略，一段段地读，学生泛读、个别同学朗读、听录音等灵活运用各种形式。也许有人会觉得用一节课的时间来朗读，是否太简单了。其实“读”并不是那么容易的，尤其是古文，一般学生都很不愿意读，觉得它很难学。所以真正会教的老师，其设定的任何教学环节都是经过深思熟虑的，也许有时候表面上看来没有丝毫的新意。

### （二）讲透一点，以少胜多

教师会有这样的体会，有时候，自己讲了很多点，但是学生一个点都没有把握，导致教师一直在做重复性的劳动，累坏了自己也累坏了学生，更重要的是学生没有收获，考试分数低，学习信心不足，积极性越来越差。

其实，所有的古文，老师来教，学生来学，什么时候都是相同的点——字、词、句、翻译、背诵。而字、词、句是构成文章的骨骼。每一个词、每一句话都是一个点，所有的文章都由一两千个常用词组成，而考试只是选取其中的几十个而已。并且这些常用的实词、虚词、句式都由前人做出了系统的总结，大家学习掌握起来已经是轻松很多了。可是，为什么还有那么多学生，学了十多年的古文，最后还是不懂古文的意思。说到底，就是没有真正地理解。老师讲过了，学生没有记住、理解，那么老师的任务就没有完成，教学目标没有达成。哪怕就只是一句话，学生能够掌握一个重点词、一个文言句式，并且能够学以致用，那都是一节有效的课。不能够因为追求“多”，而忽视了“精”，否则最后只能是一无所得。

**（三）立足文本，学以致用**

教师要根据教学的需要、学生的需求和当地的实际，开发和利用其他课程资源，对所学知识进行巩固。但是，过多地引进课外材料，甚至是离文本很远的材料，只会削弱和冲淡文本教学，最后落得两败俱伤。

无论一篇什么样的文章，都不能脱离语文的本质，语文要落到实处，要落到字、词。诗歌靠字、词来造境，文章靠字、词来说理言事，歌曲靠字、词来传情，所以，语文必须落到实处，不能只追求形式的花哨，否则语文将不能被称为语文。我们应该欣赏一篇文章好在哪里：内容上的好，还是思想上的好，还是写作手法上的好等。就是这些方面，我们也不需要面面俱到，要抓住最突出的、最能够让学生们学有所得的一点来讲。

如鲁迅的《祝福》是高一阶段的一个经典篇目，教师讲解时，应该抓住小说的四要素进行分析，这样才能抓住纲领，再从不同的要素一个点一个点地击破。小说的阅读中，“标题”是常考的一个类型。而《祝福》就是一个非常具有代表性的“标题”，教师在讲解的过程中，可以以这篇为例，让学生牢牢把握同类型问题的答题方法和技巧，再通过相类似的课外阅读加深印象。

## 三、选取合适的教学手段

新课标倡导“自主、合作、探究的学习方式”。这些理念的提出使原本“平静”的语文课堂呈现了一幅繁忙的景象，唱歌、跳舞、表演层出不穷。

例如，有的时候为了多方面地调动学生的积极性和扩大学生的知识面，千方百计找了很多教学资料，如作者详细的介绍、作者的故事、作者的照片、作者所写的其他作品，以及一些好看却无关紧要的视频等。

又如，有的教师在上戏剧课的时候，让学生表演，这本身是一种好的形式，从表面上看，学生的积极性很高，教室里充满了欢声笑语，但是最后的结果是把一部本身很悲惨的反映社会现实的悲剧演成了一部闹剧，嬉笑收场。学生与当时时代脱节，本身的社会阅历、揣摩剧本的能力有限，因此一个好的形式反倒起到了相反的效果。教师应该首先就要考虑到这样的情况，不要轻易尝试。

教师在教学过程中，始终要知道自己的目标所在，如果在实现目标的过程中，通过加入一些东西可以让课堂轻松、愉快，那我们就应该大胆地进行；如果那样做只是让学生愉悦，不能对我们目标的完成起到丝毫的帮助，甚至有时候会削弱课堂的有序性、严肃性，影响教学目标的完成，那么我们还是老老实实地把该讲的东西讲透会更好。

教学过程是一个枯燥的过程，需要各位教师开拓自己的思维，运用自己的智慧，让自己的课堂变得有魅力。

# 构建网络游戏式的数学课堂

陈燕华

时至今日，网络游戏作为最具影响力的游戏，已经深入大众生活的各个方面，学生对网络游戏的印象就是有趣、刺激、好玩，反之，对数学课堂，不少学生觉得枯燥、单调、难懂。网络游戏依赖于计算机程序，而计算机程序很大部分是利用了数学原理和思维，那么数学课堂为什么不能利用网络游戏，构建网络游戏式的课堂，来提高学生学习数学的兴趣和积极性呢？

## 一、网络游戏的特征

要构建网络游戏式的数学课堂，先要了解网络游戏有什么特征，为什么能够受到学生的青睐而广为传播。

（1）丰富性。网络游戏丰富多彩，它可以来源于生活、小说、历史等，为学生提供他们所感兴趣的要素，能够充分调动他们的积极性和主动性。

（2）互动性。在网络的支持下，网络游戏将众多的互不相识的游戏玩家联系在一起，进行交流互动，体验虚拟世界中的交流快感。

（3）自由性。网络游戏题材大部分都是玄幻、武侠，在这种题材所设想的世界中，发生和进行的故事都是现实中所不存在的，玩家在里面可以自由不受束缚地游历冒险，完成现实中不可能完成的任务。

（4）挑战性。在网络游戏中，玩家会遇到许多困难，必须想方设法，出奇制胜，竭尽全力完善自己的装备，获得晋升。而应对挑战，战胜困难，让自己成为所向披靡的英雄正是许多学生热切盼望的，在游戏中，他们的争强好胜和个人英雄主义可以发挥得淋漓尽致。同时玩家可以反复体验在现实学习环境中难以体验到的成功。

（5）创造性。网络游戏中许多因素都是不确定的，不提供完备的途径，也不是按部就班地执行设定的程序，很难事先预料到明确的结局。在游戏过程中，玩家可以不断地去创设环境，创造角色，构建游戏生活，搭建并完善自己与他人的关系，从而达到所期待的目标。

## 二、构建网络游戏式的数学课堂

在了解了网络游戏的特征后，我们可以把它的特征与数学课堂有效地糅合起来，构建网络游戏式的数学课堂。

1. 情景式的引入

苏格拉底认为："人的灵魂一生下来就拥有真善美与内在的固有价值，因此，教育不再是授知，而仅仅在于唤醒，在于使其内在的人性能充分展开，寻回自我。"也就是说，让学生通过思索产生智慧，再发现自己已有的知识。教师应创设恰当的思维情境，以数学学习的组织者、引导者和合作者的身份，引导学生进入"学习主体"的角色当中。情境的设计需要从学生已有的知识经验出发，即从学生所熟悉的实际问题出发，引导学生进行自主探究活动。

例如，在引入"方程"的时候，可以设计如下问题：魔术师表演了一个猜年龄和零钱的节目，他让一位观众心算，把自己的年龄乘以2，加上5，再乘以50，然后加上口袋里的零钱数（以分为单位，要求少于1元），再减去一年的天数（365天），最后把心算的结果告诉魔术师，他便能立即报出这位观众的年龄和口袋里的零钱数。是不是很神奇？你明白其中的道理吗？

情境的设计可以从学生感到神秘的领域出发，引导学生了解数学家探究数学活动的过程，引发他们对数学的深度理解。

又如在引入“集合”时，可以设计如下问题：意大利科学家伽利略是物理学的伟大先驱，他对自由落体的研究，至今是物理教科书的重要内容。可是，很多人不知道，他曾经提出一个非常有意义的数学问题，这个问题就是：是自然数多呢，还是完全平方数多？要知道，自然数1、2、3、4、5……是无穷无尽的；而它们的平方数1、4、9、16、25……也是无穷无尽的。这两串无穷无尽的数，能不能比较它们的多少呢？

这确实是一个大胆的问题。伽利略是这样想的：一方面，在10个自然数中，只有1、4、9 三个平方数；在前100 个自然数中，只有10 个数是平方数；在前1 万个自然数中，只有100 个数是平方数……可见，完全平方数只是自然数很少的一部分。在前100 万个自然数中只有1 000 个平方数，只占0.1%，而且越往后占的比例更小。可是，每个自然数平方一下，就得到一个平方数；而每个平方数开方，就是一个自然数。一个对一个，一点也不少啊。伽利略感到困惑了，他没有找到解决的办法。你的看法呢？

在学生猜测的基础上，指出伽利略的思考很具体，可惜他在考虑这个问题之前，没有确定标准：什么叫作一样多？200 年以后，德国数学家康托尔创立了集合论，并定出一样多的标准：看自然数和完全平方数能不能一一对应。再引导学生发现每一个自然数都能找到与它对应的平方数，而每一个平方数都能找到与它对应的自然数。我们只好承认：自然数和完全平方数一样多。

2. *启发式交流*

教学过程是老师与学生相互交代、相互交流的过程。交流首先应建立在平等的基础上。其次是客观公正，教师不能带任何成见对待每一位学生，尤其是成绩落后或表现欠佳的学生。再次是倾注爱心，交流时教师要面带期待的目光，多鼓励学生，不吝啬表扬。

当学生回答问题欠准确或错误时，不要打断其回答，不讽刺挖苦，也不简单地说“你离题了”“不对”“不正确”，因为这些方式只会阻碍学生与教师进行情感交流。此时，可以运用启发性的策略，如：“你再想想，看还有没有补充的？”“你能说说你是怎样得到这个答案的吗？”用不带任何消极感情色彩的中性词语，同时指出学生的优点，比如回答声音大、第一个回答、吐字清晰等。

3. 多样化的作业

苏联著名教育学家巴班斯基在谈到教学最优化和减轻学生负担时，告诫人们“不要取消作业，而是要从一道作业中取得最大可能的效果”。因此，作业设置要舍弃单一、重复的练习，在灵活巩固知识技能的基础上，力求在学生综合素质的开发上下功夫。所编的习题要与生活实际紧密联系，注重加强学生知识潜能的开发，以及对学生想象力、动脑能力、动手能力的提高及实践能力的培养有益。

又如在多项式的学习中，教师可以设计这样的作业：多项式 $10x+5y$ 的实际意义是什么？不同的同学对这个问题有不同的答案：

（1）$x$ 与 10 的积加上 $y$ 与 5 的积。（缺乏联想）

（2）某公园门票价格是成人每张 10 元，儿童每张 5 元。一个旅游团有 $x$ 名成人，$y$ 名儿童，该团应付门票费多少？（联系生活）

（3）某公园门票价格是成人每张 $x$ 元，儿童每张 $y$ 元。一个旅游团有 10 名成人，5 名儿童，该团应付门票费多少？（上面情况的逆向思维）

（4）一个长方形长是 10，宽是 $x$，另一个长方形长是 5，宽是 $y$。这两个长方形的面积和是多少？（几何问题）

（5）有一个人买股票，A 股票每股涨了 10 元，B 股票每股涨了 5 元，他分别买了 $x$ 股 A 股票和 $y$ 股 B 股票，则这个人赚了多少钱？（与经济问题结合）

4. 实践活动

在新的课程理念指导下，开展数学活动课是由我国的国情和教育现状决定的。改“学数学”为“做数学”，对扩大学生的视野，促进学生思维的发展，培养学生的数学兴趣以及培养创新能力，改变学生的学习方式等，都会起到巨大的作用。

例如，在教“有理数的混合运算”时，可以设计“24点游戏”活动课；要求学生分别抽取四张1（A）~13（J表示11，Q表示12，K表示13）的扑克牌。其中，红色扑克牌代表负数，黑色扑克牌代表正数，请先算出±24点的同学任意抽出四张扑克牌，然后当众公布，或马上到黑板前写出过程。

同时可以拓展出这样的游戏：在下列10则算式中添上四则运算符号或括号，使等式成立。

| | |
|---|---|
| 3　3　3　3　3 = 1 | 3　3　3　3　3 = 6 |
| 3　3　3　3　3 = 2 | 3　3　3　3　3 = 7 |
| 3　3　3　3　3 = 3 | 3　3　3　3　3 = 8 |
| 3　3　3　3　3 = 4 | 3　3　3　3　3 = 9 |
| 3　3　3　3　3 = 5 | 3　3　3　3　3 = 10 |

总之，当我们把丰富性、互动性、自由性、挑战性和创造性这些网络游戏的特征作为数学课堂的一个有机组成部分，使学生觉得数学课堂乐趣无穷，学得轻松，玩得愉快，同时可以满足他们的好奇心和好胜心，享受到成功的喜悦，那么学生将沉迷于数学课堂。

**参考文献**

[1] 尹安群．有效教学——初中数学教学中的问题与对策［M］．长春：东北师范大学出版社，2007.

[2] 许月良，李坤．新课程课堂教学技能与学科教学［M］．北京：世界知识出版社，2007.

[3] 盛建武．课堂教学问题——诊断与解决［M］．天津：天津教育出版社，2009.

［4］胡堪志，李聪睿．课程标准——2011 导读与教学实施［S］．北京：北京理工大学出版社，2012.
［5］方洲．哈佛经典游戏思维大全［M］．北京：华语教学出版社，2009.

# 谈中学数学概念的教学方法

刘伟彬

无论是什么科目、什么知识，我们往往都是从学习有关概念开始的，数学也不例外，因为概念是知识的基础。高中数学课程目标指出，要使学生理解基本的数学概念、数学结论的本质，了解概念、结论产生的背景、应用，体会其中所蕴含的数学思想和方法，以及它们在后续学习中的作用。[①] 数学概念是学习数学的基础，因此，教师要重视数学概念的教学方法。

## 一、引入概念的教学

高中数学的概念和定义的逻辑性较强，且具有一定的抽象性，学生理解起来有一定的难度。如果此时还利用传统教学模式中的学术性导入方式，可能无法促进学生对概念的深入理解，不利于教学的开展。因此在当前教学模式下，教师应当选择形式丰富的导入方式，深入浅出地开展教学。[②] 概念的引入是概念教学的第一步，它是形成概念的基础。这个环节设计、组织得好，后面的教学活动就能顺利展开，学生就会对教师所提供的感性材料进行分析、比较，继而顺利地形成概念。

---

① 赵玉良．浅谈高中数学概念教学［J］．中华少年，2017（36）．

② 赵桂桃．突破概念，提高实效——浅析高中数学课堂中的概念教学［J］．数学大世界（上旬），2017（10）．

1. 引入概念的方法

（1）实例引入：利用学生的生活实际和所熟悉的事物，从具体的感知引出新概念。数学是对客观世界数量关系和空间关系的一种抽象，因此在教学中要尽可能用学生所接触过的、恰当的实例进行引入。如教圆台和球的定义以及向量的定义时，由于这些概念比较抽象，可以通过列举学生所熟悉的日常生活中的实例，来引出这些概念。

（2）旧知引入：通过学生已掌握的概念引出新的概念。数学概念之间有着非常密切的联系，许多新概念是建立在已有概念的基础上的，是旧概念的延伸和发展。利用学生已有概念引申、推导出新概念，可以强化新旧知识间的内在关系。如讲“终边相同的同一个三角函数的值相等”时，可以从三角函数线引入。

（3）计算引入：通过计算发现问题，通过计算引出概念。教材中有些概念既不便实例引入，又与已有概念联系不大，就可以通过对运算的观察分析，发现其中蕴含的本质特征，揭示数量或形的本质属性，达到引出概念的目的。如教学“无穷等比数列的和”时，可以先给出一些具体的例子，如将一根木棒对半分开，然后取其中的一半再对半分开，如此下去，让学生分析，从中发现规律，继而引出“无穷等比数列的和”的求法。

（4）联想引入：依据客观事物之间的相互联系，由一事物联想到另一事物的引入方法。如在教学“等比数列”时，要求学生根据课题进行联想，学生根据自己的直觉大胆想到等差数列，然后再引导学生学习新课。

2. 引入概念的教学应注意的问题

（1）引入概念不能局限于某一种方法，要依据教材的内容和学生的认知规律，选择适当的引入方法引入概念，它的任务并非是单一的，所起的作用也不是唯一的，因此在教学中采用的引入方法往往是各种方法的协调运用。如教学“一一映射及反函数”的概念时，既可以用“旧知引入”，也可以用“计算引入”。

（2）要适当地运用变式。如使用多面体、旋转体等教具时，不能总是固定在一般位置上，而要采取变式的方法，变换教具的方法，然后再引导学生分析不同事物的各种性质，找出同类事物共同的本质特征，这样学生才能不受事物的非本质属性（方位不同）的影响，正确地理解和掌握概念。

## 二、形成概念的教学

形成概念的教学是整个概念教学过程中至关重要的一步。概念的形成是通过对具体事物的感知、辨别而抽象、概括出概念的过程，因此学生形成概念的关键是发现事物或数形的本质属性或规律。

1. 形成概念的方法

（1）比较发现：通过比较事物之间的相同点和不同点，从而总结出本质属性或规律。这种方法是针对事物之间的异同点进行探索，能提供事物较为全面的认识，是一种重要的科学发现方法。运用这种方法可以使学生正确认识数学知识间的异同关系，防止知识间的割裂与混淆，使学生更好地理解和掌握数学概念。

（2）类比发现：根据两个或两类事物在某些属性上都相同或相似，联想或猜想它们的其他属性也可能相同或相似，继而得到新的结论。它是依据客观事物或对象之间存在的普遍联系——相似性，进行猜测得到结论的发现方法。这种方法可以使学生明确知识间的联系，建立概念系统。教学中适当地对学生进行“类比发现”的训练，是培养学生创造性思维的一种重要手段。例如教学“等比数列”时可用此法。

（3）归纳发现：引导学生对大量的个别材料进行观察、分析、比较、总结，从特殊中归纳出带有普遍性的规律。归纳发现是一种不完全归纳，但它仍能从特殊事例中发现该类事物的一般规律，因此这种方法也是一种具有创造性的发现方法。教学中可以引导学生通过对具体实例的直接观察，进行归纳推理，得出结论；也可以让学生对实际例子进行分析，归纳出结论。例如在讲“函数图像的变换”时可用此法。

（4）操作发现：讲授新的知识前，教师要求学生制作或给学生提供学具，上课时学生按照教师的要求进行操作、实验，使学生主动地、独立地发现事物的本质或规律。例如讲解“椭圆的定义”时可用此法。

（5）尝试发现：在教学过程中，教师不直接把既定的结论告诉学生，而是让学生进行尝试活动，使学生在尝试中学习，在尝试中成功。尝试成功可以使学生了解知识产生发展的过程，更好地理解和掌握概念。如果失败，则可引导学生发现自己的错误产生的根源，为下一步尝试的成功打下基础。例如教学“异面直线”可用此法。

2. *在形成概念的教学中应注意的问题*

（1）适当运用对比。对于容易混淆的新旧概念，要通过分析、对比找出它们的异同点，既要找到它们的内在联系，又要找到它们的根本区别。

（2）要及时作出言语概括。在形成概念的教学过程中，需要把所学概念准确、精练、及时地概括出来，使其条理化，便于学生动脑总结，教师不要包办代替；总结准确的要加以肯定、予以表扬，不准确的要及时纠正、予以鼓励。进行言语概括还要注意适时，要根据知识的内在联系和学生的认知水平，在学生丰富了感性认知后，顺水推舟地揭示概念，如过早地概括出概念，学生就会对概念死记硬背，使概念的掌握流于形式；过晚就起不到组织、整理概念的作用，达不到传授知识、培养能力的目的。

总之，文无定法，无论是引入概念还是形成概念的教学，我们都要做到灵活、机动、随机应变，不受条条框框的限制，这样的教学才能收到理想的效果。

# 后进生转化方式探析

刘伟彬

后进生通常是指自卑厌学、学习成绩差、缺乏自信心、逆反心理严重、纪律作风涣散、行为习惯不良、自我期望值低、懒惰不思进取、缺点问题较多的学生群体。在现实生活中，每个班都有因多方面原因没有跟上正常教学的后进生。班主任是班级的组织者和领导者，其工作的质量直接影响班级的教育教学质量，当前学生的德育教育是班主任工作的重中之重，对后进生的教育一直是班主任工作十分关注的重要课题。

## 一、亲密师生关系，促进后进生学习兴趣

学生是学习的主体，亲密师生关系有助于培养学生的学习兴趣。多数的后进生都有一定的压抑感、自卑感，不太愿意接近教师，既怕教师又希望得到教师的帮助。与后进生进行情感交流，让学生觉得教师可亲、可爱、可敬，从而达到“亲其师，信其道”，也才能热爱教师所教的学科。如笔者曾经接任的班级是全校的差班调皮班，有的教师甚至害怕去这个班上课。这个班有几个“调皮大王”，对于刚去接任这个班的新教师，他们都会对其来个“下马威”，杀杀教师的威风——用班级卫生工具装上垃圾放在门上等待教师的光临，趁教师在黑板上写字时做滑稽动作引起全班哄堂大笑……笔者通过调查、摸底，得知其中一位“大王”的母亲去世了，父亲娶的继母对孩子关心、教育不够，致使孩子产生了抵触情绪、逆反心理。该

同学纠集班上另两个成绩不好的同学捣乱，久而久之就成了学校有名的“调皮大王”。了解到这些情况后，笔者主动跟他们交朋友、谈心，用具体的事例告诉他们学习、知识的重要性。他们觉得受到笔者的尊重，觉得笔者可亲、可爱、可敬，渐渐地喜欢上了笔者教的语文课，并能及时完成作业，学习成绩有了明显提高，成了遵守纪律的好学生。

## 二、多挖潜力，找“亮点”，因势利导

孔子曰：“三人行，必有我师焉。”每个人都有自己的长处，即使是后进生，也有自己的长处，只是他们的长处被掩盖了，没有彰显出来，所以不容易被人发现。这就要求我们细心，用较强的洞察力，善于捕捉后进生身上的“闪光点”。哪怕是稍纵即逝的光亮，也要把它挖掘出来，使之发扬光大，从而扬长避短，促进转化。如：班里的陈同学原来各方面表现较差，教师教育他时，他总是漫不经心，没有丝毫改变。有一次，学校进行大扫除，班级负责清理厕所。由于又脏又臭，许多同学都畏缩不前，可陈同学却冲锋在前，不怕脏不怕累，因此笔者在全班同学面前表扬了他，并号召同学学习他不怕苦、不怕累的劳动精神。同学们都对他刮目相看，这使他深受鼓舞。接着笔者委任他当劳动委员，得到同学们的赞同。从此，只要是班级负责的劳动，都完成得很好。而他在获得多次肯定后，开始找回自信，经过发奋学习，成绩很快挤到先进行列的同学中来。

找到学生的“闪光点”，加以引导，成为他人学习的优点，需要教师对学生明察秋毫，倾注师爱。

## 三、多赞扬，不指责，循循善诱

后进生一般心理素质差、学习目的不明确，教师应该耐心、诚心地教育他们，帮助他们明确自己的学习目的，树立远大的人生理想，鼓足他们的学习勇气，使他们认识到知识的价值，用爱心唤醒

他们的自尊心。赞扬蕴含着教师的鼓励、教育与评价，也蕴含着教师的爱心与期望，本来后进生听到的批评就比一般的学生多，如果我们再一味地批评指责，他们就会丧失自尊，不求上进。陶行知说过："你的教鞭下有瓦特，你的冷眼里有牛顿，你的讥笑中有爱迪生。"因此，教师应控制自己的情绪，心平气和地帮助学生认识缺点和错误。如果一次不行，就两次、三次，直到认识、接受为止。马克·吐温说过："只凭一句赞美的话，我就可以活上两个月。"人人都希望听赞美的话，对于学生，尤其是后进生，赞扬就像温暖的阳光，照亮他们的心灵。

当然，过度的赞扬也会适得其反，因为学生的年纪小，有时不能正确地认识自己、评价自己，不适度的表扬会滋长他们骄傲的情绪，就像阳光太足，幼苗会晒干一样。要让后进生在表扬中认识到自己的不足，在批评中体会到爱和鼓励，这就是循循善诱。如：笔者班级里经常逃课的马同学，只要听到表扬他就按时上课，但不到两天，他又逃课了。于是笔者给他写了一封信，在信中赞扬他进步不少，特别是大部分时间能按时上课，也点明他还没做到最好，希望他今后能做得更好，并用了大量事例说明上课的重要性，最后写上赠言："成功属于那些不骄傲、持之以恒的人。"马学生收到信后，特别高兴，向班主任承诺：今后按时上课，决不拖全班同学的后腿。后来他果然遵守承诺，表现出色。

对学生进行赏识教育，让学生体验到成功的快乐，令其进步得更快，这需要教师对学生表现出极大的爱心。

### 四、多关心，严要求，一视同仁

关心后进生的学习和生活，了解他们的需要，这不仅是教师应尽的义务，也是师爱的具体表现。只有这样才能消除教师和后进生的距离，就好比在教师与学生之间架起一座交流情感的桥梁。然而仅有"亲其师"还不足以让学生有所改变，还要严格要求学生。古语说："教不严，师之惰。"但教师要严而有格，如果严而出格就等于一棍子打死。要注意做到严而有度、严而有恒、严而有方和严而有情。只有这样对学生严格要求，以爱动其心，以严导其行，才能把"爱"和"严"真正统一起来。

"一视同仁"是教师取信于学生的最好方法。学生最反对教师不能一视同仁，尤其是后进生。因此，教师决不能以学生成绩好坏定"亲疏"，要一碗水端平，处理问题要公平，这样才能取得后进生的信任。笔者教育过这样一位后进生，他经常和同学打架，对人态度蛮横，多次教育不改。有一天，他打了后面座位的同学一拳，笔者知道后，并没有立即批评他，而是先了解情况。谁知他不但不说，还摆出一副傲慢、不在乎的神态。在笔者耐心的教育下，他才说出事情的经过：是后面的同学在上课时不断地骂他，还用圆珠笔戳他，他忍无可忍才打了后面的同学。笔者问他为什么不告诉老师？他说："因为后面的同学是三好学生，他骂我，你也没听见。我说了，你肯定不相信，还会说我冤枉他。"笔者公平地处理了这件事，改变他以及所有后进生对老师的态度，后进生也就乐意接受老师的建议并改掉缺点。

多关心和严要求是不可分割的，我们教师要把握爱的尺寸，做到爱中有严，严中有爱。此外还要做到公平、公正，要认识到：后进生也是你的学生，更要让他们感觉到你对他们的重视和理解。

**五、多尊重，多信任，鼓励进步**

夸美纽斯说过："应当像尊重上帝一样尊重孩子。"学生虽然懂得不多，但也有自己的自尊心，有自己的人格。尤其是后进生，缺乏自信心，充满自卑感，因此，我们要给他们更多的尊重和鼓励，帮助他们消除自卑心理，鼓励他们进步。如：笔者班级里的郑同学成绩欠佳，每次考试都不及格。在一次单元测试中，他在试卷的空白处写着几句话："老师，我知道我的数学不好，可我希望这次您能让我及格。因为今天是我妈妈的生日，我想用好成绩报答她。您能答应我的要求吗？我向您许诺，今后一定更加努力学习，提高自己的成绩，我会以高分相还的。”笔者看到这些话后，仿佛看到他不甘落后的力量和一定能够取得好成绩的自信。于是笔者就私下找他沟通并在得到他一定会认真学习的承诺后，答应了他的请求。他在之后的学习过程中主动向老师请教，并在当年的中招考试中，数学取得了110分的好成绩。爱默森说过：“教育成功的秘诀在于尊重学生。”在教育中教师能尊重学生的人格，保护其自尊心，必然能取得良好的效果。

### 六、加强正面引导，不要上纲上线

批评学生一定要实事求是，一是一，二是二，允许学生申辩，不随意夸大事实，不要上纲上线，不要妄加推测，把可能性说成现实性。否则，学生容易产生委屈、抱怨情绪，不能心悦诚服。多加勉励，注意心理换位，注意分寸，留有余地。不要挖苦讽刺，乱扣帽子，造成对立；不要全盘否定，要请家长协助或给予警告。

转化后进生的工作本来就困难，因为他们进步缓慢，经常反复犯错。教师一定要认识到转化后进生的工作不是一帆风顺的，要坚定信念，有锲而不舍的精神，用“爱”贯彻整个教育工作。因为爱是教师的天职，是一种伟大的教育力量，是最有效的成功教育。人非草木，孰能无情，只要我们有爱心，并把爱心奉献给学生，使学生从心里享受到雨露般的关爱，学生定为之感动，做到“亲其师，信其道”。这样教育就能事半功倍，做到不让一名学生“掉队”，让所有的学生既成才又成人。

## 参考文献

[1] 邹淑兰. 关于后进生的转化 [J]. 学苑教育，2017（21）.
[2] 敏忠仁. 浅谈做好后进生的转化工作 [J]. 教师，2017（31）.

# 多样数学课，“动静”随生趣

郑卓华

学习的初衷是更好地提高个人的各项能力，而兴趣是学习的推动力。进入初中阶段，学生需要学习众多学科，学习任务重，容易在烦琐单调的学习中消磨兴趣、迷失方向。教材是教学活动的依据，如果能巧妙灵活地利用，或许能大大改善教学的效果。七年级的数学教材，内容新颖丰富，设计灵活，给人耳目一新的感觉，对学生很有吸引力。发挥新教材的优点，挖掘新教材的亮点，提高教学质量，是教师十分重视的方面。

## 一、重视起始阶段

初中数学起始阶段的教学效果，直接关系整个中学阶段的数学学习。教学实践告诉我们，这个阶段的教学尤为重要。七年级学生拿到数学课本后，一般都会觉得有趣、新奇，希望可以好好掌握这门功课。因此教师在教学中应该想方设法、多花费心思让学生保持这份求知欲。比如，教学第一章，“展开与折叠”是学生正式研究空间图形与平面图形转换的一个学习主题，教师先展示一个漂亮的正方体纸盒给学生看，然后提出问题：如何将一张平面纸片做成如此漂亮的纸盒呢？通过活动，自然地引入本节课题。同时，让学生动手折叠自己最拿手的手工折纸，感受生活中的数学，使学生产生好奇心和求知欲，激起学生学习数学的兴趣。

## 二、设计课堂教学方式应多样化

七年级的数学比较贴近生活实际，浓厚的生活气息容易引起学生情感共鸣。教师可设计灵活多样的生活化教学方式引起学生的兴趣。

### （一）引入环节多花样

课堂教学是一门艺术，而课堂引入是课堂教学的重要环节。良好的开端是成功的一半，精彩的课堂引入，不但激发学生学习的动机和兴趣，还能起到承前启后、建立知识联系的作用。[①] 课堂教学开始前，高效的导入可以引导学生迅速进入学习状态，因此需要设计各种形式、运用各种手段，调动学生状态，从而唤起他们学习的主体意识。教师在教学过程中起着“导演”的作用，可以用知识点复习、预习提问、谈话导入、悬念质疑等方法，对学生预习和复习效果进行教学前干预，充分调动学生的积极性，培养学生的自学能力，养成良好的学习习惯。比如，在讲解“七巧板”内容前，出示事先用七巧板拼凑好的优美图案，提问学生：这些图案都有哪些基本图形？学生回答后，再由教师进行总结，最后再提出质疑：这些基本图形重新拼凑的话，还可以组成什么样的图案？在这样的导入环节中，教师从抛出问题到解决问题，再到引申问题，既调动了学生的思考，又发展了学生的思维发散能力。当然，教师还可以充分利用多媒体导入、生活用品的类比、时事串讲等多种形式进行教学。

### （二）实践活动学生多参与

美籍匈牙利数学家波利亚说过：“学习任何知识的最佳途径是由学生自己去发现，因为这种发现，理解最深，也最容易掌握其中的内在规律和联系。”[②] 实践活动是学生形成实践能力的载体，在数学

---

① 沈俊．重视数学“课堂引入”，提升学生学习兴趣［J］．数学之友，2016（5）．

② 李树臣．认真研读课程标准　强化问题解决教学［J］．中学数学杂志，2017（2）．

教学中，教师可以通过加强学生的实践参与，使学生在参与中感知，充分挖掘其学习的潜力，通过探索来学习知识的真谛，教师再引导学生在实际中验证，活学活用。七年级的数学教材中，结合学生动手能力强的特点，安排设计了大量实践性材料。教师应该优化课堂结构，设计好教学手段，利用分组合作、小组竞争、知识抢答等方式，培养学生的动手能力、思考能力。通过实践性的参与，既调动了学生的主动性，又高效发挥了学生的主体作用，教学效果自然事半功倍。

## 三、重视教“学法”，塑造好习惯

“授之以鱼，不如授之以渔。”正确高效的学习方法为学习的发展提供源源不断的动力，新教材以“指导教学，渗透学法”为指导思想，在内容编排上以指导学生教学为宗旨，设置了“做一做”“想一想”“看一看”等栏目，学生必须正确思考才能解决问题，因此，教师指导学生正确地学习尤为重要。在具体教学中，笔者是这样培养锻炼学生的学习习惯的：

### （一）培养阅读习惯

具体方法是阅读前出示阅读题，如教学“角的度量与表示”时，可出示阅读题：我们以前用刻度尺测量线段的长短，那我们用什么来度量角的大小呢？角的表示方法有几种？表示的过程中应注意哪些问题？阅读完毕，或通过提问，或以评估的形式来检查阅读效果，或有计划地组织学习小组以讨论的形式探讨阅读内容。同时，鼓励学生在阅读中找出问题，并不失时机地表扬在阅读中有进步的学生，使学生获得成功的喜悦，从而产生兴趣，养成阅读的习惯。

### （二）培养讨论的习惯

教师通过有针对性、合理性的提问，引发学生进入自己所创设的教学情境，引发他们积极探讨数学知识，逐步培养讨论的习惯。

特别是一题多解的题目或需要分类讨论的问题，如在教学“绝对值”“列方程解应用题”时，就有很多需要分类讨论的题目；在探索规律这一节的教学中，也可以引导学生三五人一组进行讨论，归纳出相应的方法和规律。

### （三）培养观察能力

学生对图形、对实验的观察特别感兴趣，但有时思维被动、目的不明确，这就需要教师引导他们有的放矢、积极主动去观察。可采取边观察、边提问、边引导学生对变化原因、条件、结果进行讨论；也可以创设教学情境把学生带入较熟悉的环境中去观察。如在教学“平行”前，要求学生认真观察现实生活中有关于平行的实物，上新课时着重提问几个学生，并根据他们观察、分析的情况逐步导出平行及其性质。这样能使学生体会到观察所带来的收获与兴奋，自觉养成观察的习惯。

### （四）培养做小结的习惯

根据新教材的要求，在实际教学中或让学生上讲台进行小结评比，或以板报的形式张贴几个学生的小结，或在课余时间对互帮互助小组双方的小结进行评比。由于经常强调自己去归纳、小结，这使学生记忆效果明显，认识结构清晰，学过的知识不易遗忘。教学实践表明，只有正确的学法指导，才能使学生站在教学的主体位置上，学有所获，才能养成良好的学习习惯，同时还能保持他们对数学的学习兴趣。

要使数学课更有“数学味”，应该体现数学的抽象性、推理性、探索性、问题性及数学语言表达等特点。另外，还可以以讲故事的形式、质疑的形式、列举生活中数学现象的形式进行教学，以简单明了、深入浅出、气氛畅然的课堂调节学生的心理状态，激发他们的学习兴趣。

# 提高农村学生英语听说能力途径初探

陈坤燕

素质教育在英语教学中的实施和体现，就是培养学生的英语使用能力，使学生在听、说、读、写等各个方面得到更好的锻炼，尽可能掌握运用好英语这一外语工具。但目前农村初级中学英语教学中还存在一些与素质教育不相适应的现象。在英语学习过程中，大多数学生听力成绩差，口头表达难，不会用英语表达意愿，没有与别人交流的语言环境。学生普遍认为听说英语较难，而且对听力测试怀有一定的畏惧感。对于如何提高英语听说能力没有方向，有点盲从。加上地域限制，与大城市学生的英语水平存在着一定差距。当然，还有学生素质、师资情况等外在因素。

当今是信息高速发展、人才激烈竞争的时代。农村中学生是国民经济建设的重要力量，怎样加强农村中学英语教学工作，提高学生听说技能，是英语教师十分关注的重要课题。

## 一、因材施教，培养学生的自信心

听说是人类言语交际活动中最基本、最活跃、最方便的一种形式。在英语学习中，听说不仅是学习英语的重要途径，同时也是英语教学中不可缺少的手段。学生英语听说能力低下，肯定会影响其他能力的发展，从而影响课堂教学的顺利进行。因此，中学英语教学要重视学生听说能力的培养。[①]

针对农村学生英语水平参差不齐的状况，在教学过程中，教师要先做到心中有数，熟悉学生、清楚教材。对学生严格要求，多加检查，教导学生掌握正确的学习方法。从培养学生的英语会话能力出发，从课前几分钟英语对话开始，慢慢地培养学生用英语讲一段话，如“你的家庭”“最爱的明星”“假期见闻”“课余活动”等。先让口语好的学生示范，给其他学生做榜样，对于成绩一般的学生，提前布置好任务并为他们提供素材，让他们也能在课堂上表达出来，使学生知道只要努力就可能取得进步，有所收获。学生有了成就感就能逐渐消除畏难情绪。

课堂应组织多种多样的口语活动，在编排练习时，应遵守由易到难、循序渐进的原则。把成绩好和成绩一般的学生搭配起来，给成绩一般的学生安排容易的任务，多关心他们的学习，让他们多参与课堂活动。对于他们微小的进步及时地给予肯定与鼓励，让他们知道老师也是关心他们的，这样就能产生积极情绪，促使他们主动学习，增强他们克服困难的信心。

教育教学中，教师要充分考虑学生实际，把握不同学生的个体特点，因人制宜，因材施教，做到“上不封顶，下要保底”。[②]

笔者读初中时，在学习“CONTINENTS AND OCENS”时，老师展示了一幅世界地图，采用了由易到难的方法：首先，让一名成绩一般的同学读出七大洲、四大洋及一些地理名词；再请一名成绩较好的学生在小黑板上填词；接下来，请成绩更好的学生连词造句。最后，请学生看图复述。老师通过这种层层深入的训练，因材施教，循序渐进地提高要求，学生既不会产生自满情绪，也不会悲观失望。老师的教法，调动了全体同学参与课堂活动的积极性。

---

① 杭宝桐．中学英语教学法［M］．上海：华东师范大学出版社，2000.

② 杭宝桐．中学英语教学法［M］．上海：华东师范大学出版社，2000.

## 二、激发学习兴趣，调动学生听说的积极性

兴趣可以加强学习动机，增强记忆力，是提高学习效率的重要因素。① 所以我们要改变传统的课堂教学形式，利用多种教学方法，激发学生的学习兴趣，使学生自始至终积极主动地参与教学全过程。

传统的教学模式是一种“填鸭式”的教学，教师负责讲，学生负责听，学生参与其中的机会很少。时间一长，不仅学生听得乏味、厌倦，教师看到学生枯燥乏味的样子，在讲台上讲课也提不起精神。这种教师上得没劲、学生不感兴趣的课，无论语言点分析得如何透彻、语法知识归纳得如何好，学生成绩也不会提高特别多，更不用说提高英语的教学质量了，最终结果只能是感兴趣的人越来越少，不感兴趣的人越来越多，成绩也是每况愈下。兴趣是学生最好的老师，学习兴趣对学习效果起着很大的作用，学习语言尤其如此。

### （一）用直观、情景、交际的手段进行教学

英语是一种交际性的语言，没有了交际，语言也就失去了它的生命力。教学大纲明确规定，要培养学生听、说、读、写四方面的能力及初步运用英语的能力。教师在上课之前，要精心备课，做好充分的准备，能准备实物、图片的，就要提前准备好，调动学生的感觉器官，提高他们的积极性。通过直观手段教的内容，学生就会兴趣高涨，往往也记得比较深刻和牢固。在课堂教学中，还要注意创设情景，将学生置身于情景之中，使他们在自觉或不自觉的状态中去看、去听、去说、去感觉，达到掌握和运用语言的目的。

目前，我国绝大多数学生只在课堂上学习英语，在现实生活中很少运用英语来表达。因此，教师要在课堂教学中努力提供情景操练的机会，想方设法把真实生活搬进课堂。如打电话、买衣服、借书、询问天气等，都可以先由教师 make a model，然后再由学生

---

① 杭宝桐．中学英语教学法［M］．上海：华东师范大学出版社，2000.

practice in pairs，最后 act it out。这些话题和学生的生活是密切相关的，学生的表演欲很强，兴趣也较浓，兴趣浓了，上课就更认真了，无形中就提高了教学效果。

### （二）活跃课堂气氛，开展各种各样的课堂游戏

适当的游戏，能更好地活跃课堂气氛，让学生积极主动参与到课堂活动中来。良好的课堂学习气氛能更好地提高学生学习的自觉性，提高课堂教学的效果。课上不妨来个“猜一猜”（guess）或直接做个游戏（play a game）激起学生的兴趣。通过学生感兴趣的课堂游戏，激起学生学习的热情，活跃课堂气氛。学生为了更好地表现自己，肯定会更加努力地去学习。这样收到的效果可能比教师三令五申做好预习、复习工作要好得多，因为它实现了学生由被动学习到主动学习的转变。

### （三）充分利用现代化的教学手段进行教学

现代化的多媒体教学手段，有着传统教学手段所无法比拟的效果，而且有声音、图像的多媒体，能更好地引起学生的注意。注意力集中了，听课效率也就提高了。我们常说：“向四十五分钟要效益。”的确，课堂是学习知识的主要场所，为取得丰收，首先课堂一定要抓牢、抓好。可以在课上播放一些与课文有关的歌曲或者小视频，激发学生的学习兴趣。一堂课下来，兴趣始终很高涨，才能真正收到“向四十五分钟要效益”的效果。

总之，要改变传统的课堂教学形式，利用多种教学方法，创设相应的学习环境，这对学生的听说有很大的帮助。听、说作为英语的基本技能，只能通过大量的练习获得。如果教师创设的环境，学生都有参与的兴趣，那么听、说就不是大问题了。

## 三、排除障碍，培养学生良好的听、说习惯

听与说是人们建立言语交际的重要手段，是英语学习的重要途

径。里弗斯（Rivers）的研究表明：听占整个言语交际活动总量的45%。[①] 训练听力有助于全面提高学生的交际能力，而听辨能力与听说能力是密切相关的。听辨不清是很难读准音、很难说得流利的，而说是基础，其他言语技能是靠说建立起来的。

农村学生学英语的难度相对大于城市学生。生活环境的限制和语言环境的影响，对他们学好英语造成了障碍。排除这种障碍的行之有效的方法，就是培养农村学生良好的英语听说环境。

首先，培养学生的听说习惯应以帮助他们熟练掌握语音、语调、重读、节奏、语法等特点为前提。[②] 教师可借助现有的录音机、语音室等现代化教学手段，以确保学生尽可能多地接触到有声语言，要求学生模仿、朗读、背诵。经常让学生以小组为单位，进行模仿、朗读和交流，督促检查以确保质量。多朗读、多背诵更有助于培养学生的语感。

其次，用英语组织课堂教学，为学生创造语言环境氛围。如果教师有意识地注意使用课堂用语，课上尽量多说英语，学生不用增加负担，就可增加接触英语的机会，加强听力训练。[③] 教师要充分运用学生基本熟悉的英语和恰当的体态语言进行演示教学，同时鼓励他们大胆开口、勤于提问。长此以往，就能慢慢地培养学生的口语表达能力。

## 四、创建心理氛围，培养学生学习的主动性

课堂心理氛围是指在课堂教学中，群体所表现出来的占优势的情绪。农村学生普遍存在着怕听羞讲的心理障碍，要使听说活动有效地开展，课堂心理氛围应该是积极活跃、协调融洽的，切忌拘谨

---

① 曾蓉．培养中学生提高英语口语水平的途径［J］．中学外语教与学，2006（7）．

② 徐波．浅析提高初中学生英语听力水平的策略［J］．中学外语教与学，2006（10）．

③ 欧小红．浅议初中英语听力障碍及训练策略［EB/OL］．http：//www.zxxk.com/soft/2712397.html.

刻板、冷淡紧张。所以教师首先要以亲切自然的态度，对学生循循善诱，鼓励学生大胆发言，创造轻松的语言氛围。如果学生表达失误，不能打断他，要先听他表达完，在肯定的基础上提出改正，避免过多的责备造成其紧张。同时，对听说内容的选定要适度。内容太复杂，学生就会产生紧张和畏难情绪，久而久之，就会形成恐惧心理；太简单，听说能力得不到更大的提高，久而久之，学生也会因乏味而产生"冷漠"心理。针对学生在听说上的心理特点，可以采取一些措施使学生消除心理紧张，轻松愉快地进行听说练习。[①] 最主要的莫过于培养学生学习英语的主动性。

培养学生学习英语的主动性主要有两个方面：

良好的个性品质和健康的心理素质促使学生学习主动性的形成。个性和心理的形成，后天的教育起着主导作用。在良好的环境和学校的教育影响下，学生的学习品质会逐渐形成，学习主动性会充分发挥。个性包括兴趣、爱好等几个方面。兴趣和爱好是动力，心理素质是基础，只有两者并重，才能取得最好的效果。因此，必须注重培养农村中学生良好的个性和健康的心理，为他们创造良好的课堂学习环境，不断激发他们的英语学习兴趣，为他们订立短期目标。对达到目标的学生要表扬，对有进步的学生更要鼓励。只要他们在英语方面有一点成绩，教师切莫忘了说"Very good!""Well done!""Wonderful!""You are clever!"鼓励的力量是无穷的，他们会在你的鼓励中积极主动地学习。

教师的态度严重影响学生的个性心理发展。教师的态度是学生英语学习情感的砝码，具有激发学生求知欲望的功能及心理催化的作用。教师态度好，努力学英语的学生多，反之则少。情感是求知的载体，没有情感就没有求知的热情。学生往往"亲其师而信其道"，对教师有好感就热衷于其学科。教师在提问、训练、作业批

---

① 杨平．中学英语教学中听说环境的创设［J］．中学外语教与学，2007（3）．

改、个别辅导、测试等方面，要做到公平、公正。不能只重视优等生而轻视中、差等生；只表扬乖孩子而讽刺、挖苦“坏”孩子。教师既要当好他们的观众、评论员、裁判员，又要当好他们的主持人、辅导员、服务员。真正做到多热情，忌冷漠；多鼓励，忌打击；多耐心，忌烦躁；多赞扬，忌苛责；多微笑关怀，忌疾言厉色；既严格要求又不放纵。农村学生诚实、肯吃苦，只要教师以诚相待，经常与他们交流，了解他们的进步与差距，时刻帮助他们答疑解难，他们就会对老师有亲切感、信任感，就会专注于英语学习。

在农村学生的心理发展过程中，胆小与自卑是他们学习英语的最大心理障碍。这一心理障碍压抑着他们的聪明才智，对他们英语交际能力的提高极为不利。教学中应从提高学生的心理素质入手，从激发学生的兴趣入手，使之积极主动地发挥其主观能动性。

## 五、以学生为主体，采用多样化教学方法

丹麦语言学家斯帕森说过：“教学外语的首要条件看来是要尽可能地让学生接触外语，使用外语，学外语像游泳一样，学生必须潜在水中，而不是偶然沾沾水，学生头浸泡在水里，才感觉到自由自在。这样他们才能够像一个熟练的游泳者那样乐在其中。”① 外语教学最忌讲得太多，练得太少，试图以教代学，结果是学生什么都学不到。教师要利用教学艺术，根据学生的好胜心、兴趣、爱好和求知欲，通过多种练习方式，启发学生思维，积极主动地进行创造性学习，引导学生在大量口语练习中形成能力，使学生融会贯通，熟练地掌握和运用知识。要做到这些，教师必须精心设计，创造语言环境，让学生比较轻松、自然地达到训练目的，培养学生良好的语言素质。

---

① 陈德杰．谈如何减弱学生英语学习的畏难情绪［EB/OL］．https：//wenku. baidu. com/view/29c531d984254b35eefd34d6. html.

（1）把课文编成短剧式对话，由学生表演。对白内容多的角色由成绩较好的学生扮演，对白少的角色由一般的学生扮演，这样学生在准备的过程中能团结协助，口头表达能力得到锻炼。

（2）复述也是一种很好的口语训练形式，它可以提高学生综合运用语言的能力。复述时可以用不同的人称和时态来表达所学的内容。教师可以把重点短语展示给学生看，或者以时间顺序、类别为线索画成表格，引导学生复述。让学生在复述时不会感到吃力，避免死记硬背。

（3）模仿课文中的一些内容来表达周围所熟悉的人或事。这就要求学生背诵。背诵课文是传统的学习方法，有助于指导语言实践。这叫“熟背英语三千句，不会写来也会讲”。

# 以读促写，提高初中生的英语书面表达能力

黄思敏

英语书面表达能力在初中英语教学中占有重要地位。课程标准对初中生的书面表达能力提出了具体的标准和要求，也就是说，课程明确地指出初中生应该学会哪些类型的英语书面表达能力：

一级：能正确书写字母和单词。

二级：能模仿范例写句子；能写出简单的问候语和祝福语；能根据要求为图片、实物等写出简短的标题或描述；能基本正确地使用大小写字母和标点符号。

三级：能正确使用常用的标点符号；能使用简单的图表和海报等形式传达信息；能参照范例写出或回复简单的问候卡和邀请卡；能用短语或句子描述系列图片，编写简单的故事。

四级：能正确使用标点符号；能用词组或简单句为自己创作的图片写出说明；能写出简短的文段，如简单的指令、规则；能在教师的帮助下或以小组讨论的方式起草和修改作文。

五级：能根据写作要求，收集、准备素材；能独立起草短文、短信等，并在教师的指导下进行修改；能使用常见的连接词表示顺序和逻辑关系；能简单描述人物或事件；能根据所给图示或表格写出简单的段落或操作说明。

从课程标准不难看出，初中英语书面表达的教学目标不要求学生学会真正意义上的写作，对谋篇布局几乎没有要求，并且各级的标准在初中三个年级的课本中都有相对应的阅读范本。也就是说，

在教学中，我们应该根据教材提供的材料，挖掘有利于学生写作的因素，如相近的话题、相同的文体结构、类似的语言结构，让学生从中获得写作形式上的指导和词汇、句子结构方法的支持。

笔者以九年级 Unit 1 How do you study for a test 为例，阐述如何以读促写，培养学生的英语书面表达能力。

## 一、仿写

仿写是基础，通过阅读教材的句子或短文后进行仿写，学生能学会一些基本的句式和基本的表达方法，为使用正确的句子、独立写出自己的话语做准备。最先可只仿写简单的句子，然后逐渐过渡到对话、短文等。从易到难，尽量让学生感受到成功的喜悦。“Section A 1a”让学生听录音学会句型“How do you study for a test? I study by...”，分小组让学生各自写出自己的学习方法，并由一位代表说出小组同学的学习方法：“A studies by... B studies by ... I study by...”，这样，学生学会表达学习方法的句式，为后边 Section A 3a 的学习做好准备。

## 二、连词成句、连句成篇

连词成句、连句成篇要求学生在熟读课文的基础上，把语法项目、教材内容和文章体裁有机结合起来。对于基础一般的学生，先让他做连词成句，而对于基础较好的同学，让他连句成篇。这样不同程度的学生都能完成自己力所能及的任务，并能感受到写作带来的乐趣。在学习 Section A 3a 时，笔者把一些需要掌握的句型或难句拆成单词或短语，然后由各小组比赛组句；有些则以完成句子填空的形式帮助学生巩固和运用本节的语言知识。通过学习这些句型，学生对表达学习方法的句型及课文的内容有了一定的了解，已经能顺利地完成学习表格。

**Ways of learning English**

| | Not successful | OK | Successful |
|---|---|---|---|
| Lilian Li | Studying grammar | Memorizing the words of pop songs | Reading English magazines |
| Wei Ming | | Watching English movies | Studying grammar |
| Liu Chang | Having conversations with friends | | Joining the English club |

根据表格，学生能够顺利地写出各种表达学习方法的句型：

Lilian Li said she learned new words by reading English magazines.

⇒Lilian Li said the best way to learn new words was by reading English magazines.

⇒Lilian Li said reading English magazines was the best /successful way to learn new words.

句式的多样化使学生的表达更加丰富，激发学生的学习兴趣，增加学生的练习机会，达到提高英语表达能力的目的。

## 三、转变课文的形式

为了培养学生良好的英语思维习惯，教师可以就近取材，利用所学内容，要求学生转变课文形式，如将对话转变为短文，或将短文转变为对话等。在内容不变的情况下，转变课文形式能有效地培养学生用英语思维的习惯，提高写作能力。如在完成 Section A 2a 2b 的听力练习之后，要求学生根据听到的对话内容及所配对的问题和答案把女孩的学习方法转述成一篇短文，并表达自己的看法。一位学生转述为：

She doesn't learn English by watching English-language videos. She thinks it's too hard for her to understand. She often practices conversations with her friends. It improves her speaking skills. She sometimes practices pronunciation by reading aloud. And she learned a lot by studying with a group.

学生依据课本内容，编写类似的对话和短文，一方面可以使学生更深层地巩固课本知识；另一方面，课本内容也为学生提供了写作借鉴，从而使学生有文章可参考，有内容可模仿，提升其写作的信心。

**四、背诵并复述**

背诵是夯实语言基础、练好基本功的第一步。在多年的教学实践中，笔者坚持让学生背诵部分课文。在英语教学课文的过程中，笔者注意找出课文中的经典句型、好的短语和句子，让学生多读多背，吸收为自己的东西，背多了，好词好句就能信手拈来，表达时才会妙语连珠，写出让人眼前一亮的句子，起到锦上添花的作用。而复述则是在背诵的基础上，根据关键词，鼓励学生用自己的语言和多样化的表达形式来转述课文。如在学完 Section A 时，让他们根据上面的表格和所给的词进行复述。学 Section B 后，让学生找出短文中表顺序的短语：First of all / To begin with / Later on /So /Then / Now. 接着找出作者所遇到的困难：not easy to understand; be afraid to speak in class; couldn't make complete sentences. 最后找出解决困难的方法：watch English - language TV; do lots of listening practice; take lots of grammar notes; write my own original sentences. 复述时让学生根据上边的有关信息进行分组讨论后再写下来。这样既锻炼了他们的概括能力，又使课文中的词语和句型变成学生的英语技能，将知识转化为能力，达到提高书面表达能力的目的。

通过 Section A 和 Section B 的学习，学生对学习一门语言有可能出现的困难和有关学习方法的句型有一定的了解。

有了相关话题的基本表达模式和语言知识积累，学生已具备写好同类题材文章的能力。这时教师应该给学生提供写作的“脚手架”——设计与课文内容相似的话题进行专题训练，引导学生使用本单元的词汇、短语和句型，模仿课文的写作模式，完成书面表达。

英语书面表达能力的提升是一个不断积累和循序渐进的过程。教材是学生获得英语语言知识、提高表达能力的重要载体。教师应该充分依托课文，按照词、句、篇系列化训练的整体思路，由浅入深，由易到难，逐步提高学生的书面表达能力。

**参考文献**

[1] 陈静波．有效教学——初中英语教学中的问题与对策［M］．沈阳：东北师范大学出版社，2007（7）．

[2] 卞学华．基于课文的英语书面表达训练［J］．中学外语教与学，2013（3）．

# 开发非智力因素　培养英语语言学习能力

黄燕珊

《学会生存》的作者埃德加·富尔曾精辟地指出："未来的文盲，不再是不识字的人，而是没有学会怎样学习的人。"这一说法完全符合我国的国情。要使现在的学生将来不做"文盲"，教师就必须教会他们自学的方法和培养他们的自学能力，正所谓"授人以鱼，不如授人以渔"。

那么，英语教师怎样才能培养学生语言学习的能力呢？第一落脚点是开发非智力因素，培养自学能力。一个人的自学能力取决于其智力因素和非智力因素。这两者不是截然分开的，而是相互依托、互寓其中的。非智力因素是动力部分，对学生的自学能力起决定性的作用。认识、兴趣、情感等非智力因素在很大程度上影响着自学能力的形成。学习外语和学习其他学科不同，由于种种客观原因，学生学习外语时所遇到的困难要比学习其他学科多得多。因此，培养学生自学英语的能力，英语教师要比其他学科的教师更重视开发学生的非智力因素。笔者结合这几年的教学心得，将对如何开发非智力因素、提高学生英语自学能力进行探讨。

## 一、提高学生对培养英语自学能力的认识

在新课标理念中，课堂的教学是以学生为主体的。知识好比浩瀚的大海，教师不能把所有的知识教给学生，只有当学生学会怎样学习，具备了自学能力，他才有可能独立地遨游在知识的海洋中。

一位英国心理学家曾说过："Tell me and I'll forget. Show me and I'll remember. Involve me and I'll learn. "因此，我们要求学生努力学、积极学、主动学，让学生意识到"我要学"比"要我学"更能取得好的学习效果。只有具备了自学能力，才能够自主地凭自己的能力获得更新、更有用的英语知识，才能比较从容地面对学习的困难，面对新知识的构成，面对新科技的挑战。当学生认识到自学能力对自己的成长与发展起着重要的作用，意识到自学能力是一个人成材所需的各种能力中的一种基本能力时，他便会重视培养自己的自学能力。

## 二、培养学生的学习兴趣，提高学习英语的自觉性

兴趣是英语教学的第一目标。从外部对学生进行影响、进行教育，首先遇到的一个问题是学生是否有积极学习的心理准备，这对教师来说是一个无法绕开的问题，培养兴趣作为一项重要的任务，存在于教学的全过程。这是对教师教学能力的考验。学生初学外语，满足好奇心成了学习的内部动因，其作用虽逐步减弱，但能持续一段时间，在这些临时性因素消退之后，考验就突显出来。如果教法合理、引导得当，学生对某项学习内容及练习形式达到掌握的程度而产生参与的意愿，这就表现为具有积极情绪的一种心理倾向——兴趣。兴趣是学习英语的动力。学习英语的兴趣越浓，学习的积极性就越高，学习的效果也就越好。

### （一）多渠道培养和激发学生学习英语的兴趣

根据我校学生的实际，兴趣培养对高中生来讲是一个永不过时的教学话题。有先哲曾讲过"兴趣"是最好的老师，诚哉斯言。教学中可以让学生自己动手找一些难度适当的英文趣闻、英语小幽默、社会热点问题等，利用课前三分钟，让值日生进行课前演讲。鼓励基础弱的学生用简单的日常英语与老师对话，打破不敢开口的坚冰，

或者事先要求他们找一些谚语（如：When in Rome，do as the Romans do）或广告词（如：I love this game），让每位学生都开口讲英语，培养听说的习惯。这样，学生在轻松、活泼的气氛中既获得了乐趣，又学习了英语，在不知不觉中提高了学习英语的兴趣。引导学生观看英文电影，如《音乐之声》《花木兰》《百万英镑》等。鼓励学生多听英文经典歌曲。学生在优美的旋律中既能体会到英语的艺术美，同时也能激发学习的兴趣，陶冶情操。兴趣要经过不断培养和激发，这是新课标下英语教学改革中需要教师认真考虑的一个问题。因此，既要改进教师的教法，又要指导学生的学法，培养恒定的兴趣，如此，学习者获得了内动力，而教育者又能从繁重的教学任务中解放出来。更重要的是，通过兴趣培养为学生指出了一条高效的学习之路，事半功倍。

**（二）教师要尽量创造轻松、愉快、和谐的课堂气氛**

“亲其师，信其道。”课堂上，教师的态度要亲切热情、耐心细致、平易近人，使学生对教师和其所教的学科具有亲切感。从英语课堂教学来看，言语训练和语言讲解永远是学生重要的积累方式和有效学习的手段。在目标明确、方法恰当的前提下，语言讲解时，教师要做到语言精练、明确流利、生动有趣，可用肢体语言、面部表情帮助表达自己的思想感情；言语训练时，要多创造情景，利用多媒体手段来辅助教学，让学生实实在在有话可讲，语言操练落到实处，让大部分人学有所得，从而提高学生的兴趣，将学生的注意力聚焦于英语学习的整个过程。在课堂教学中，可以通过讲故事、竞赛、表演、对话等来缓解学生的紧张疲乏。在言语训练中，教师对学生的表现应以肯定、鼓励为主。学生表达精彩，教师应表示满意，说“Good”“very good”“Excellent”“You've done a good job”“Thank you”等鼓励的话。如果学生一时未能跟上来，出现冷场，教师也不能急躁，切勿用“You're stupid”“Don't waste time”等言语来伤害学生，而应说“Don’t be nervous”“Think it over. Take your time over it”“Maybe we can try later on”等。回答问题正确，教师应该加以肯定，可以说“Right, you’re right”“You’ve done very well this time”，听了这样的话，学生心中会想：“My answer is right now.”“I’ll try harder to do better next time.”回答不上来，教师绝不能说伤害学生的话，而应该加以启发或给学生再试一次的机会。学生会从教师的评语中发现自我价值，体会到教师的良苦用心。教学活动在平等、民主、互尊互爱的环境里才能顺利开展。轻松、愉快、和谐的课堂气氛有时比有效的方法更为重要，良好的学习情绪有利于激发学习兴趣，调动学习积极性，从而产生强烈的学好英语的动机。

**（三）选择最佳教学方法，增强语言学习的趣味性**

世界上没有绝对的最佳教学方法，只有符合教学规律和适合具体教学情景的最佳教学方法。教学内容确定之后，教师应选用最佳的教学方法来完成任务。上课时仔细观察学生的反应，努力吸引学生的注意力。学生对所学内容感兴趣并能接受，听课时注意力就能高度集中，情绪轻松愉快，学习主动积极，参与意识很强。反之，学生对所学内容兴趣不大，不能完全接受，听课就会时听时断，思想开小差，注意力不集中，不举手发言，甚至做与课堂无关的事。例如，高中第三册（必修）“At A Tailor’s Shop”单元选自美国作家马克·吐温的小说《百万英镑》中的一个片断，故事情节比较生动。教学时如果按照常规的讲授方法，可能很难有好的教学效果。因此，笔者选择把它当作一节戏剧表演课来上。先找到这部片子让学生欣赏，影片中演员的表演非常到位，一下子就吸引了学生的注意力，于是他们在轻松、有趣的气氛中记住了人物的对话和表情，还不由自主地跟着模仿。此时，他们都跃跃欲试，想演一下剧中的人物，针对这心态，笔者觉得让学生上讲台表演课文中的剧情或许有不错的效果，既可活跃课堂气氛，还可以培养他们对英语学科的亲和力。参与表演的同学使其他观赏的同学捧腹大笑，课后，不少学生认为这样学英语使他们轻松地记住了课文的内容，英语其实很有趣。这收到了很好的教学效果，比让他们机械地背诵课文要有趣得多。由此可见，我们应当积极地进行探索，努力提高 45 分钟的效率，在课堂上根据学生和教材的实际情况寻求最佳教学方法，使学生兴趣盎然，积极主动地参与到每一堂英语课。因此，培养兴趣，让持久的兴趣成为学习英语的一种心理需要，才可以变“要我学”为“我要学”，逐渐养成自觉、自愿、主动学习英语的习惯，而这也是新课标理念的内在要求。

## 三、注重培养学生积极、健康的情感

英语是一门工具课，学习语言对情感意识的形成比学其他学科具有更直接、更原始的潜移默化的影响。在教学中，情感因素起着促进或阻碍的作用，因此，教师必须注重培养学生的积极情感，注重情感教学。充分发挥情感教学的积极作用，才能更有效激发学生参与学习的积极性和兴趣，促进学生认知活动的健康发展，从而取得良好的教学效果。

### （一）在教学中渗透爱国主义情感和民族自强意识

在高中的英语课本中，有很多篇章都明显涉及情感教育，所以在教学的过程中，碰到类似教学内容时，笔者都比较注重教材内容的灵活处理，寓教于现实材料中。如在讲授高中第二册“The Olympic Games”这篇文章时，恰逢2008 年北京奥运会刚刚落下帷幕，学生对它记忆犹新，一个个激动人心的时刻还在他们的脑海中回荡，笔者抓住机会，和孩子们一起回忆我国运动健儿夺冠的巅峰时刻，让他们再次感受中华人民共和国国歌响彻整个体育馆，在场所有观众同唱国歌的震撼场面，既激励他们向运动员学习，不怕辛苦，勤奋向上，为国增光，也让学生懂得，我们生长在一个文明古国，祖先为我们留下了深厚的文化积淀和优秀的民族品质，只有具备了民族自强意识，才能走到哪里都是一个大写的中国人。这样就自然而然地把爱国主义情感和民族自强意识渗透到语言教学中去了。做到以情感促认知，以情感认知促进语言学习，学生有了这样的情感认识——胸怀祖国，放眼世界，就能更加积极地去学好英语。这比空洞的爱国主义说教，效果要强几倍。

**（二）帮助学生树立自信心，形成坚强的学习意志**

在自学能力形成的过程中，学生一定会遇到很多困难，教师必须主动关心、指导和帮助学生，但最主要的是激励他们自己去克服困难。在教学实践中，要引导学生适当背诵一些名言名句、俗语俚语，例如："Rome wasn't built in a day!"（成功并非一蹴而就）"No pain, no gain!"（一分耕耘，一分收获）"Practice makes perfect!"（熟能生巧）。上课前，我经常让学生大声背出一些短句，如："I can do it!"（我能行）"Hang on there, I can make it!"（坚持下去，我就能成功）"Learning English is fun!"（学英语很有趣）通过不断的自我暗示和激励，帮助他们正确认识并排除来自外界的各种消极影响，学会正视自我，发现不足，寻找困难产生的原因，勇敢面对困难，调整心态，树立起学好英语的信心，使学生逐步形成坚强的学习意志。

**（三）帮助学生建立成就感**

鼓励每个学生大胆开口、积极发言是我接手高中英语教学以来最关注的话题，也是我坚持不懈的做法和主张。在课堂上，我常鼓励一些不常开口或基础较差甚至是害羞的学生开口讲英语，哪怕只会读一个单词，我都给予充分肯定，以消除他们的紧张情绪。对他们的肯定越多，他们的挫败感就会越少，学习英语的决心就慢慢形成了，这有利于学生更好地接受英语。讲究提问技巧，面向大多数，让不同层次的学生都能品尝到成功的喜悦，学有所获才谈得上兴趣的培养和稳定。让他们尝到学习的乐趣，他们才能越发积极地学习英语。

综上所述，只要教师敢于探索，勇于实践，不断地更新自己的教学方法，把教书育人的精神渗透于英语教学的全过程之中，既重视知识的传授，又开发学生的非智力因素，培养学生学习的积极性，保持他们学习英语的热情和持久力，激发学生学习英语的兴趣，就能培养学生自学英语的能力，逐步把学生塑造成为掌握良好英语知识的人才，从而实现新课标的教学理念。

**参考文献**

［1］朱慕菊．走进新课程——与课程实施者对话［M］．北京：北京师范大学出版社，2002（6）．

［2］普通高中英语课程标准（实验）［S］．北京：人民教育出版社，2003.

［3］王才仁．英语交际教学论［M］．南宁：广西教育出版社，1996.

［4］Paul Davies, Eric Pearse. 英语教学成功之道［M］．上海：上海外语教育出版社，2002.

［5］Hadfield, J. Classroom Dynamics［M］．［s. l.］：Oxford University press，1992.

［6］Brown , G. & Yule, G. Teaching the Spoken Language［M］．北京：外语教学与研究出版社，2000.

［7］Tomalin, B. & Stempleski, S. Cultural Awareness［M］．［s. l.］：Oxford University Press，1998.

# 高中英语综合技能教学探讨

柯文凌

## 一、综合技能教学的必要性

当我们在日常生活中进行交际时，不止使用一项语言技能。比如，在交易东西时，我们不仅要用到听、说，有时还得用到读、写。因此，把语言从一种形式转换为另一种形式就是一种技能（陈亭华，2012）。要实现语言学习的整体大于部分之和，不应当被肢解成语音、词汇和语法，语言技能也不应当被分解为听、说、读、写，而要将有意义的语言通过全面的、完整的方式传达给学生（Goodman，1987）。

试想，我们在下面的情景中，是不是只能单独用到 listening，speaking，reading 或 writing 呢？例如：Attending a lecture；Ordering a meal in a restaurant；Going shopping with a friend；Arranging a birthday party for your mother or father.

从情景可看出，我们在实际生活中的各种任务经常是各种语言技能的自然综合，各种语言技能很少被孤立地使用。因此，许多语言学家强调教师在学生已知或经验的基础上建立新知识培养新技能的重要性。例如一个学生会用英语读一则故事，那么他就可能在阅读的基础上帮助其写出自己的故事。同样地，如果学生能进行商店购物的对话，他们就能够锻炼自己的口语技能。而且，综合语言技能可以使我们的课堂教学活动更加丰富多样。综合性的教学活动设

计不仅能激起学生学习英语的兴趣，还能让学生进行口语、阅读或写作等方面的相关训练。（陈亭华，2012）

## 二、综合技能教学的目的性

综合语言教学的目的是让学生主动参与教学过程，并遵循教学内容从整体到部分的过程。在教学中，教师应创建民主、愉悦、系统的听说读写的课堂，让学生在教师的启发下看到需要学习的整个体系，然后对所学内容逐步挖掘，使每一步学习都有意义，而不是无意义的机械操作。（杨葆贞，2011）因此，教师需要对语篇知识充分了解，不仅要灵活地处理教材，同时还要考虑到学生的不同层次。

## 三、综合技能教学的课例

课题：NSEFC Book6 Unit4 Global Warming

Using Language，Reading and writing

### （一）教材分析

1. 教材处理

Using Language 部分设计了包括听、说、读、写的活动。Reading and writing 是 Reading 的一个延伸。让学生以“What can we do about global warming”为主题进行讨论，提出不同建议，帮助学生树立“节约能源，保护环境”的意识。教师还可以结合课后练习要求学生 make a poster，激发学生自主学习的兴趣，并且可将所做的环保海报贴在校园或社区中，让学生将所学知识运用到实际中去，巩固所学的知识。

2. 教学目标

（1）目标语言。

重点词汇和短语：pollution，electrical，motor，microwave，disagreement，make a difference，put up with，leave an electrical appliance on, so long as, and so on .

重点句式：①Together, individuals can make a difference. ②It takes a lot of energy to make things from new materials…③Remember — your contribution counts.

（2）能力目标。

Get the students to realize what individuals can do about global warming.

（3）教学重点。

Enable the students to know what to do in daily life to reduce the carbon dioxide content in the air.

（4）教学难点。

Enable the students to learn how to make a poster.

**（二）教学设计**

本节课借鉴了浙江省温州中学罗晓杰老师提出的“三段七步读写整合教学模式”，实施教学过程。“三段七步读写整合教学模式”是基于全语言教学思想和读写迁移理论，针对教材中 Using Language 部分的 Reading and writing 构建的教学模式。“三段”是指读、说、写三个教学阶段；“七步”是指话题导入、读前预测、快速阅读、读后讨论、写前学练、初稿写作和初稿评改七个教学步骤。（罗晓杰，2008）

本节课教学设计的总体思路是：教师先让学生观看一些有关气候变暖对地球造成影响的视频，让学生了解保护环境的重要性；再让学生猜测邮件的内容；接下来是快速阅读，通过几个问题帮助学生进一步理解邮件内容，并划出邮件的难句及短语加以讲解；然后组织学生就文中提出的建议进行讨论，并让学生组成小组提出更多的建议。这样，学生们就有了充分的材料去完成写的任务——设计海报，介绍减少空气中二氧化碳含量的方法。最后由教师示范评价，让学生根据写作评价标准进行小组互评，再修改成文。

（三）教学过程

**Step 1. Lead – in**

The teacher asks the students to watch some video about global warming. Thinking and discussing: what can we do to solve the problem?

设计说明：让学生通过观看有关全球变暖的视频，激发学生的兴趣，并提出问题让学生思考。

**Step 2. Prediction**

Making the students predict the content of the letter of Earth Care.

设计说明：本环节让学生根据读者 Ouyang Guang 的来信猜测杂志 Earth Care 回信中的内容或建议，培养学生在特定的情景中预测内容的能力，并为下一步阅读做好准备。

**Step 3. Fast reading**

(1) Why did Ouyang Guang write to Earth Care?

(2) What did the sentence "Together, individuals can make a difference" mean? Can you give an example?

(3) What suggestions did Earth Care give?

设计说明：让学生快速阅读，理解文章主要内容，并让学生再次阅读，给以上的问题找出答案，并帮助学生理解难句及其应用。

**Step 4. Discussion**

What other suggestions can you list except Earth Care's suggestions? In groups discuss whether you think you can carry out each suggestion. Give reasons for your answers.

| Suggestions | Can you carry it out? | Reasons |
|---|---|---|
| | | |

设计说明：阅读之后，教师让学生就文中提出的建议进行讨论，并让学生提出更多的建议，这样他们就有充分的材料去完成写的任务：设计海报。

**Step 5. Preparation for writing**

Now in groups discuss how to make a poster about earth care. The teacher may collect some posters or pictures about the environment and show them to the students in class.

设计说明：分组讨论如何设计一张海报，并让海报有说服力。

**Step 6. Writing**

Make a poster. Remember the following: give your poster a large heading, use imperative sentences to list the ways we can reduce the amount of carbon dioxide in the air. What's more, try every possible way to make your poster impressive, which is the purpose of a poster.

设计说明：制作海报是学生语言的输出，用以检测学生对所学内容的掌握程度，让所学的知识运用到实践生活中。

**Step 7. Assessment and revision**

Assess the poster using the following assessment table:

| Assessment | | | | | |
|---|---|---|---|---|---|
| Score | 1 | 2 | 3 | 4 | 5 |
| Heading | | | | | |
| Imperative sentence | | | | | |
| Spelling | | | | | |
| Punctuation | | | | | |

设计说明：教师先呈现习作的评价标准，带领学生进行评价修改，为下一步的组间互评与修改作示范。

### （四）教学反思

本节课的教学，教师通过“三段七步读写整合教学模式”，设计一系列学习任务，通过听、说、读、写，既激发了学生学习的兴趣，又让学生能将所学知识运用到实际生活中，让学生树立“节约能源、保护环境”的主人翁意识，完成预定的教学目标。但由于大多数学生的基础较差，而且教学过程受到时间的限制，因此学生互评、自评以及修改环节布置成作业，要求学生课后完成。

读写结合的教学模式对传统低效的写作教学模式进行了改革创新，让教师从以往的注重词汇拓展和语法的阅读教学转变为引导学生关注题材和篇章结构的文本整体理解（俞颖，2011），这种综合技能教学切实提高了学生的语言输出能力，使发展学生综合语言应用能力真正落到了实处。

### 参考文献

[1] Goodman，K. S. Language and Thinking in School [M]. New York：Richard C. Owen Publishers，Inc，1987.

[2] 陈亭华. 新课程高中教师手册·英语 [M]. 南京：南京大学出版社，2012.

[3] 罗晓杰. 高中英语“三段七步读写整合教学模式”[J]. 基础教育外语教学研究，2008（4）.

[4] 杨葆贞. 高中英语“读—说—写”活动的教学设计 [J]. 中学外语教与学，2012（4）.

[5] 俞颖. 通过有效阅读促进学生写作能力的提升 [J]. 中小学英语教学与研究，2011（11）.

# 浅谈学生英语口语表达能力的培养策略

罗海燕

英语是中外交流的重要工具，因此，学英语不仅仅意味着掌握一定的基础知识，更重要的是运用语言知识与别人进行交流，传递和获取信息。但在实际教学中不难发现，有很多学生笔试分数很高，语法掌握很牢固，但口语表达能力很差，一开口就结结巴巴，表达不清楚或不完整。因此，对学生口语表达能力的培养是十分必要的。

如何在45分钟的课堂教学中，打开学生嘴上的这把“锁”，让学生从被动地开口过渡到主动地说、大胆地练呢？

## 一、重视语音教学，注重学生词汇的积累，帮助学生打好“开口”的基础

规范的语音和语调是学生口语表达能力的基础，学习语音的主要手段是模仿。因此，学生在课堂上要仔细观察并模仿教师发音时的口形，放学后自己对着镜子反复练习，同时多听标准录音，模仿语音语调。

掌握一定数量的词汇有助于提高口语表达能力，因此我们在课堂教学中不仅要求学生掌握课本上出现的单词，还应联系生活，适度地扩展词汇，并用一些有趣、特殊的句子来加深印象。例如教单词lucky时，可以让学生猜句意：You are a lucky dog.（你是个幸运儿）同时，为了巩固学生对词汇的掌握，可以要求学生运用所学单词及习惯用语来造句、编写简易小故事或对话等。

## 二、消除心理障碍，让学生敢“开口”

一些学生不开口说英语是因为胆子小，总怕开口说错而受到老师的责备和同学的嘲笑，渐渐就会失去口语表达的愿望。为了消除他们的这种心理障碍，教师应经常鼓励学生大胆开口说英语，不要怕说错而被别人笑话。另外，我们在课堂上应注意倾听学生的口语表达，对于他们出现的错误，只要不影响正常交际的顺利进行，可以不立即打断进行纠正，应以不挫伤学生积极性为原则，尽量忽略学生的错误，下课后再加以提醒和指导。这样可以减轻学生开口时怕犯错误的心理压力，增强他们的信心。只要学生愿意开口、积极开口，哪怕只是说一个单词、一句话，教师都应尽可能地从他们的讲话中挖掘其闪光点，及时给予肯定的评价，使他们不断地获得成功的愉快体验，有意识地增强他们的信心和自尊，使他们不再惧怕开口。

## 三、坚持用英语组织课堂教学，帮助学生创设“开口”氛围

中学英语教学的目的，是培养学生初步运用英语的能力。在英语教学过程中，突出和加强基本训练是培养这种能力的根本途径。在 45 分钟内，尽量营造英语交际的气氛，使学生在交流英语的实践中度过，这对学生来说是一种很好的训练。教师应从初一开始就坚持用简单的英语来组织课堂教学的各个环节，给学生创设氛围，让学生直接用英语理解课文中的词汇和句型，培养他们的英语思维。假如有些学生一开始不习惯老师用英语讲课，那么第一次使用课堂用语时可以告诉学生中文意思，以后反复使用，让学生反复听、反复感受。渐渐地，就可以不用再说中文意思。一段时间后，相信大部分的学生都能用简单的课堂用语与别人交谈。

## 四、开展语言游戏活动，寓“说”于游戏之中

英语课堂教学游戏的根本目的是让学生在课堂上掌握基本知识，培养和发展各种综合能力，也就是说，语言游戏是帮助我们实现教学目的的一种有效手段。“玩”是孩子的天性，因此，教师可以根据学生的这个特点，把“玩”和“说”结合起来，激发和提高学生口语表达的兴趣和热情，使他们更牢固地掌握所学知识。如“传话”游戏，可以使学生的参与率达到百分之百，不但能巩固所学的短语和句型，而且能在一定程度上帮助学生练习口语。

## 五、活用教材，让学生积极“开口”

英语课本的内容本身比较枯燥，学生通常不是很感兴趣，更不用提开口说英语了。为了充分调动和保持学生的学习兴趣，让学生在自觉或不自觉的状态下多开口练说英语，教师在课堂上应精心设计，尽量将枯燥的教材内容与学生密切相关的人和事联系起来，使学生在理解的基础上记忆和使用英语。如教祈使句时，笔者让学生找出他们所认识的且有抽烟习惯的老师，并要求他们用“Please…”或“Please don't …”的句型向该教师提建议。因为此话题有关他们身边最熟悉的人，所以学生显得很踊跃，争先恐后地举手提出了自己的建议，收到良好的教学效果。在教学中，教师还可以创设贴近生活的情景，如打电话、购物、问路、看病、就餐等，使学生在学中用、用中学，不知不觉进入语境中大胆练说，达到实际运用的目的。

## 六、适当补充西方文化知识背景，使学生更准确“开口”

语言是交际的工具，如果只是把单词按字面意义串起来，而丝毫不了解交际对象的文化背景，就不能做到确切理解和正确表达。大部分的学生，由于不了解西方文化，总是喜欢用母语和外语互译的方式错误地理解和翻译某些词汇与句子，不但表达不准确，还可

能闹出笑话。如："狼吞虎咽"，英语是"Eat like a horse"，却总被错误地翻译为"Eat like a wolf and a tiger"。又如"力大如牛"，很多学生翻译为"as strong as a cow"，其实正确的说法是"as strong as a horse"。因此在教学中，教师应经常给学生讲解西方文化知识，如中西语言差异，中西方各种手势表达的不同，西方人的喜好、禁忌、主要节日及庆祝方式等，使学生开阔眼界、增长见识。了解两种文化的差异，也可以让学生认识到学习英语不能用汉语生搬硬套，以便更准确、更地道地开口。

总之，"说"是英语学习中的关键，是紧张又积极的思维活动。教师应当创设一种开放的、和谐的、互动的语言氛围，让学生愉快地融入英语环境中，从敢于开口、易于开口、乐于开口到准确开口，不知不觉中提高英语口语表达能力。

**参考文献**

[1] 黄清. 英语口语兴趣 [M]. 北京：中国人民大学出版社，2006.
[2] 华正红. 教学与管理 [M]. 北京：外语教学与研究出版社，2007.
[3] 安凤歧. 小学英语新课程教学法 [M]. 北京：首都师范大学出版社，2004.
[4] 刘润清. 英语教育研究 [M]. 北京：外语教学与研究出版社，2004.
[5] 王海华，程昕. 实用英语口语手册 [M]. 大连：大连理工大学出版社，2000.
[6] Paul Davies, Eric Pearse. 英语教学成功之道 [M]. 上海：上海外语教育出版社，2000.

# 丰富教学技巧，并用“两种注意”

陈树萍

我们生活在一个特殊的时代——一个急剧变化的时代。①时代变化，学生的特点也随之变化。正因为这样的变化，新课改对教师提出了更高的要求，无论是教育观念的改变，还是教育内容和方法的更新、运用，都取决于教师的素质。时代要求教师不断地丰富知识结构，提升教学技巧，从而更好地从事当前的教学。

政治课的一个任务是逐步树立建设中国特色社会主义的共同理想，初步形成正确的世界观、人生观、价值观，为终身发展奠定思想政治素质基础。对于这样的任务，没有很好的教学技巧，效果是不明显的，所以提升教学技巧成了当务之急，而利用无意注意和有意注意就是提升教学技巧的重要手段。

## 一、无意注意在政治教学中的运用

心理学上把注意分为有意注意和无意注意。无意注意是一种事先无预定的目的，不需要意志努力的注意。② 人们无目的地被事物吸引住，心理活动无意地指向和集中在某一事物上，而同时撇开其他的事物，例如欣赏画册时，对色彩鲜明的图片给予更大的关注。将

---

① 理查德·格里格，菲利普·津巴多. 心理学与生活［M］. 王垒，王甦，等译. 北京：人民邮电出版社，2003.

② 伍棠棣. 心理学［M］. 北京：人民教育出版社，1982.

这种无意注意应用于政治教学中，有利于学生正确地认识事物，提高学生的听课效率。

**（一）转变观念，充分利用多媒体进行教学**

多媒体教学克服了传统教学模式中的枯燥无味，它将各种文字、声音、图像、动画等信息有机地结合起来，最大限度地吸引学生的无意注意，激发学生学习的兴趣和热情，让学生在无形、无意之中把视觉、听觉等感官调动起来，集中注意力，提高课堂效率。①

**（二）引起无意注意最直接的方法是运用语言技巧**

苏霍姆林斯基曾指出："教师语言艺术在极大的程度上决定着学生在课堂脑力劳动的效率。"② 这就要求教师在讲课时，既要注意语言表达的科学性、思想性、教育性，又要注意声音的快慢、强弱，音调的变化。③ 政治课的部分内容相对抽象，更加需要采取这样的方式，例如在讲重点时，教师可以有意识地控制语速，快慢交替，以此来吸引学生的无意注意。或者，有学生注意力不集中时，教师可以通过简单的提问，还可以通过突然沉默提醒学生注意，还可以用夸张的动作来表达信息，从而提高课堂效率。

**（三）设置情境，引人入胜**

所谓创设情境是指教师在教学中有意识地创设与课堂教学有关的情境，使学生处于特定情境中，获得表象，从而自然感悟其中的情与理。传统教学中，教师的作用过于突出，学生容易厌倦。所以，教师在教学中要巧妙创设情境，让学生积极参与，充分发挥学生的兴趣和热情，促使学生在自主参与的活动中掌握知识、明白道理，从而实现教学目标。例如在讲法律常识时，和学生一起创建模拟法庭，模拟各种角色，学生兴趣很高，注意力高度调动起来，在轻松

---

① 刘干章．有意注意和无意注意的转化与利用［J］．广西教育，2013（14）．

② 刘干章．有意注意和无意注意的转化与利用［J］．广西教育，2013（14）．

③ 刘干章．有意注意和无意注意的转化与利用［J］．广西教育，2013（14）．

愉快的气氛中掌握相关法律知识，这充分说明了利用无意注意的重要性。

### （四）充分利用生活中的例子，引发学生的无意注意

学生并不是对政治课不感兴趣，而是纯粹的政治理论容易使学生厌倦，政治教学中一定要坚持理论联系实际的原则。① 例如在选取材料时，要注意贴近学生的生活，选取典型性、时代性强的材料，如十九大的代表构成、投票程序，以引起学生的兴趣，促使其思考问题，提高课堂效率。学习唯物辩证法时，可以使用如下例子：“随着一带一路的深入开展，中国的高铁取得辉煌的业绩，然而，小小的螺母却不得不使用只有 45 名员工的日本哈德洛克（Hard Lock）的永不松动的螺母。原因在于不少国产的螺丝螺母很松，经常崩牙断裂。而哈德螺丝，即使是把扳手扳断，也依然完好！高铁运行时，列车和铁轨不断接触，震动非常大，一般的螺丝在这种震动中会被震松震飞，螺丝要达到这样高的标准其实不容易。世界上做螺丝螺母的公司多如牛毛，但是能生产这种永不松动螺母的只有一家。这就是哈德洛克工业株式会社，可以说，螺丝让他们给做绝了。”

## 二、有意注意在政治教学中的运用

教师在教学过程中，如果只考虑到无意注意，一味迁就儿童的兴趣、情绪，将会阻碍儿童克服困难的意志的发展。②所以，教师在运用无意注意的同时，也要运用有意注意。

有意注意指有预定的目的，在必要时还需做一定意志努力的注意。③ 例如在政治教学中，教学内容有些是抽象的，比如银行的类别

---

① 王策三. 教学论稿［M］. 北京：人民教育出版社，1985.

② 胥炯富.“有意注意”和“无意注意”在初中数学教学中的巧用［J］. 数学学习与研究，2013（10）.

③ 伍棠棣. 心理学［M］. 北京：人民教育出版社，1982.

和功能、选举制度等，不能自然地引起学生的学习兴趣。对此，学生必须明确学习的目的和要求，用心领悟和分析教材，排除杂念，才能把注意集中在课堂上，这就是有意注意。

**（一）注重学习目的和任务的强调**

我们必须让学生真正明白学习的意义，所谓“活到老，学到老”，只有让其真正了解学习目的所在，才能激发其学习的积极性和主动性，充分挖掘其学习潜能。人要有明确的目标，天助先要自助，当自己没有清晰的目标的时候，别人说得再好也是别人的观点，不能转化成自己的有效行动。所以，当一个人没有明确的目标的时候，自己不知道该怎么做，别人也无法帮到你！①

**（二）及时提醒，给予明确的提示**

众所周知，“不以规矩，不能成方圆”。只有在一个井然有序的课堂环境中，才会有注意力的高度集中。当学生注意力开始分散时，教师可以凝视做小动作的学生，突然停止讲课或摇头示意等，为使暗示信号更加奏效，教师也可以一边注视学生，一边慢慢走近他，对其予以提醒。

**（三）注意培养学生的抗干扰能力**

抗干扰能力强的同学，不易受到外界不良环境的影响，就像颜回“一箪食，一瓢饮，在陋巷，人不堪其忧，回也不改其乐”，这种素养的形成，对学生终身发展是有益的。

我们在教学中要重视无意注意，吸引学生的注意力，但不能片面地强调，而忽略有意注意，这不利于学生良好学习行为的培养，不利于突出重难点，应该把两种注意有机地结合起来，运用注意规律，全面提高课堂效率。所以，教育教学方法的改善是教师提高技

① 胥炯富．“有意注意”和“无意注意”在初中数学教学中的巧用［J］．数学学习与研究，2013（10）．

能的重要方面，在教育教学中，比知识更重要的是方法，有方法才有成功的路径。[①]

总之，21 世纪的教育经历着翻天覆地的变化，教育的发展对教师的能力提出了更高的要求。教育的变革首先是教师自身的变革，是教师思维观念和技术技巧的变革，使用无意注意和有意注意是提高技能的一个方面。所以，新时期的教师要善于学习、积极学习，力争成为一个“有意识的教师”。[②]

① 徐俊玲．浅谈教学方法的重要性［J］．黑龙江科学，2014（5）．

② 罗伯特·斯莱文．教育心理学：理论与实践［M］．吕红梅，姚梅林，等译．北京：人民邮电出版社，2010.

# 谈运用情感教育提高思想政治课的教学效果

许光裕

学校思想政治课采用的是人教版的教材，教材的核心思想是立德树人，让学生学习课本中的知识并联系生活。将理论与实践相结合，才能更好地促进学生世界观、人生观、价值观的形成。在教学中，更要积极培养学生的责任意识，无论是对自己、家庭、学校还是国家，都应有一双铁肩，勇于担当。对此，笔者通过剖析中学思想政治课教学效果不佳的原因，并从情感教育角度出发，寻找相应对策，以提高中学思想政治课教学效果。

## 一、中学思想政治课教学效果不佳的原因

在教学的过程中，教师应该注重教法的改变。课堂上，教师不能只做一个知识的传播者，只知道自己在讲台上讲解，全然不顾学生的感受，没有良性的互动，这样的课堂死气沉沉，其教学效果也可想而知。所以在课堂上，教师应该多倾听学生的声音，根据学生的情况灵活调整自己的教学方法，这样才能因材施教，更好地提高课堂的教学效率。

### （一）教师不能忽视学情

高中的思想政治课本有很强的理论性。而这些理论的内容又比较生涩、难懂。理解水平低、感悟能力不强的学生很难从整体上把握知识点。面对这样经典的课本，教师在课下一定要充分备课，根

据本班的实际情况，预设课堂上可能出现的问题，才能对症下药。倾听学生的声音也是一个教师应该具备的基本素质，教师对学情了解得透彻、全面，才能在备课、上课的过程中，突出学生的主体地位，才能与学生进行互动，发现学生存在的不足，提高教学效果。所以，教师在教学中不能忽视学情。

### （二）不能忽视培养学生的学习兴趣

俗话说，兴趣是最好的老师。在教学中，应该注意培养学生的兴趣，只有有兴趣，才会有动力去学习。高中的政治课本比较深奥，教学的第一任务就是培养学生的兴趣。在培养学生兴趣时，要做到有的放矢，针对每节课的内容进行适当调整。例如，在讲解货币的时候，教师可给学生讲一些关于货币历史的内容——货币出现的背景、出现的形式、如何演变，以至现在的人民币在国际上的地位等。在讲解的过程中渗透货币与政治之间的关系，学生也会听得津津有味。又如，在讲解政党的过程中，结合十九大的内容给学生讲解。《人民日报》的一篇文章形象直观地总结了十九大的成果，可将图片下载下来展示给学生看。十九大也确立了新的领导人，可在网上下载一些介绍领导人的视频。这样学生的印象更深刻，对政治学习也会更有兴趣。

## 二、注重情感教育

情感教育其实就是培养学生的情商。具体地说，就是在教育教学过程中对学生的态度、情感、价值观进行培养。情感教育关系到一个学生的发展。所以，在教学中教师必须培养学生的情感。如何培养学生的情感呢？首先，学生对教材要有温度，也就是说学生一定要喜欢教材，只有喜欢这个科目，才能对这个学科产生兴趣，才会投入更多的精力来学习，体现出学习的热情。当学生拿到教材后，教师可引导学生先去看课本中的插图部分，先从整体上了解教材，为接下来的讲解做铺垫。其次，学生学习的知识要有广度。这里的广度指的是学生不能局限于书本的知识。因为生活就是一本大书，学生要学会将知识应用到生活中去，培养感悟生活的能力，进而影响价值观。在布置课后作业的时候，经常将知识点与时事相联系，例如讲“科技是第一生产力”的时候，将《辉煌中国》的视频播放给学生看，让学生知道科技对生活、国家都十分重要，鼓励学生好好学习，将来成为对国家对社会有用的人。可以发动学生自行搜寻资料，去寻找相关知识，布置课外作业的主要目的就是让学生多关注生活、感受生活。在情感教育方面，教师其实不需要刻意做什么，只需要让学生感受生活、感悟生命，提升自己的情感体验，丰富自己的阅历。

## 三、情感教育在思想政治课教学中的积极运用

在课堂上要充分发挥情感教育的作用，更好地提高教学效果。

### （一）充分利用多媒体设备

多媒体教学能给学生留下更深刻的感官印象，激发学生学习的兴趣。在讲解文化生活的过程中，可通过视频、图片等形式来展现文化对生活的影响。特别是《直通春晚》的节目，有一期讲述的是秦腔的唱法，将传统唱法和现代技术融合，体现了其地方文化的特点。潮汕地区也有自己的地方文化，特别是潮剧，具有一定典型性和代表性。潮剧不但唱腔浑厚、粗犷，每一首潮剧的剧词也浓缩了生活的影子，有的剧目还是根据真人真事改编而成的。通过对这些材料的搜集和整理，让学生感受到文化就在身边。只有学生自己参与进来，才能感受到自身的责任。

### （二）善用教学语言，用激情感染学生

教师在讲解的过程中，应该使用规范的教学语言，这是对一位教师基本素质的要求。但是当我们面对学生难懂的知识点时，就要

灵活改变自己的教学语言，尽量用一些形象、生动、生活化的语言来概述要讲解的内容，特别是用潮汕方言来解释其中一些知识点，更会起到意想不到的效果。课堂语言高雅、含蓄，还是质朴、直白，没有明确的界限，只要是学生能听得懂、引起师生共鸣的语言，起到良好的教学效果的语言，就是好的教学语言。教师在解释抽象的政治经济理论时，也可以旁征博引，举一些鲜活的事例，这样更能激发学生对思想政治课的兴趣。

**（三）活用课本理论，巧用生活陶冶学生**

教师精彩的教学语言，能吸引学生的注意力，激发学生的兴趣，对教学起到推波助澜的作用。在教学中，把课程的核心思想与日常生活联系起来设置有趣的问题，引导学生学会通过思考身边的小事来理解教材中理论的含义。比如，讲如何树立正确的金钱观时，课前教师可让学生收集社会上关于金钱的观点和行为表现，鼓励学生大胆地说出自己的真实想法，并引导他们展开辩论、总结。通过分析，学生透彻地明白货币在商品经济中、在生活中的重要作用，同时对金钱有正确的认识。走出课本，感受鲜活的生活，运用情感教育不仅有助于提高学生的思辨能力及思想政治素质，还有利于学生健康人格的塑造。

**参考文献**

[1] 杨宇清．浅谈教学中的情感教育［J］．交通职业教育，2008（3）.

[2] 程剑平．思想政治课重视情感教育之我见［J］．读与写，2008（3）.

[3] 王彦．体验：情感教育的决定因素—— 一种基于哲学纬度的考察［J］．思想政治教育研究，2007（5）.

# 高中化学“问题—探究—建构”教学模式探究

江泽芝

“从学生已有的经验出发，让他们在熟悉的生活情境中感受化学的重要性，学会分析和解决与化学有关的实际问题”是新课标的重要理念之一。“问题—探究—建构”教学模式就是把化学知识置于一定的情境中，制造问题冲突，让学生用探究的方式去分析和解决问题，在这个过程中建构新的知识，并且提高自己分析问题和解决问题的能力。

## 一、理论基础

马赫穆托夫提出“问题教学论”，认为“问题教学”的心理学依据是“问题性思维”理论，当人们需要解决某个问题，如果没有经验储备，人们就必须摸索出相应的活动策略。这种情境就被称为“问题情境”，中间的心理过程称为“问题性思维”。问题性思维过程可分成如下阶段：产生问题情境—提出问题—寻求解决方法。从这些阶段可以看出，思维起源于问题。而在教学中运用“问题—探究—建构”的教学模式恰好符合“问题性思维”产生的过程。①

① 杨丽英. 高中化学“情境—问题—探究”教学模式的实践研究［D］. 苏州：苏州大学，2015.

## 二、“问题—探究—建构”教学模式的范式设计

### （一）创设情境

在教学过程中，教师要积极引入可引起学生兴趣，使其主动参与的情景素材，将教学引入新知识的情境中。教学情境中的问题很容易引发学生的认知冲突，可以激发学生的学习兴趣。情境的创设要贴近学生的生活，符合学生的心理特点等。比如，笔者在“铁及其化合物复习课”这节课中，利用百度化学吧中的一个帖子设置情境，如下所示：

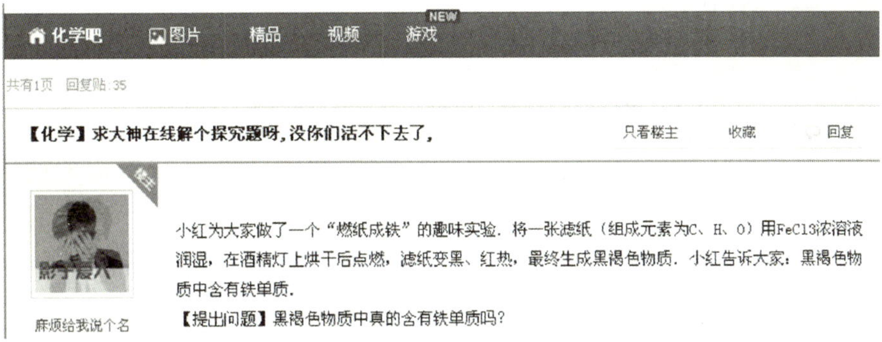


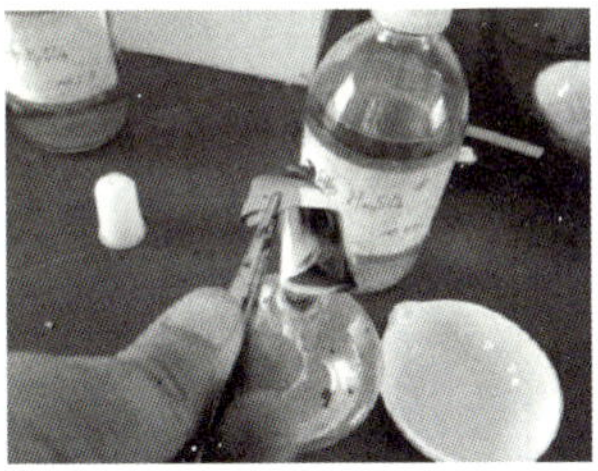

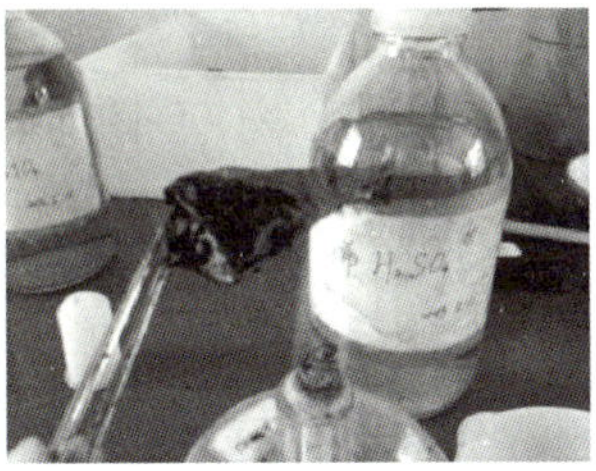

上述情境一下就把学生的精神集中起来，它具备以下四个特征：

（1）它是网上真实存在的一个帖子，符合真实性原则。

（2）互联网是学生比较感兴趣的东西，包括一些网络语言，如标题中的“大神”这些词，符合学生的心理特点，很受学生欢迎。

（3）情景内容本身很吸引人，这原本是一个趣味实验“燃纸成铁”，这真的可以做到吗？趣味性原则也是情境创设的关键之一。

（4）这个情景素材承担了整节课的内容，整节课围绕“燃纸成铁”这个问题进行分析，可以不断引出“铁及其化合物”的内容，在探究过程中，学生逐渐建构自己的知识。情境创设不能只是为了短暂地提起学生兴趣，也不能只是作为引入新课素材，而是要围绕这个情境中所提出的问题，不断探究，解决问题，贯穿整节课。这就需要教师用心去创设，这是创设情境最难的一点，也是这个模式中最重要的一点，因为整节课都在这个情境框架中进行。俗话说，好的开端是成功的一半，用在这里再恰当不过。

### （二）提出问题

提出问题，可以是教师提出的问题，也可以是学生在情境中由于认知冲突所产生的问题。但教师一定要引导好课堂的走向，必须是以化学问题为核心，问题可以是贴近生活的，如漂白粉如何使用；可以是体现方法的，如怎么防止金属生锈；可以是渲染情感的，如侯氏制碱法是谁发明的。当然，好的情境，本身就会让学生产生很多问题。

在“铁及其化合物复习课”中，笔者所创设的情境来自上述求教帖：“黑褐色的物质中真的含有铁吗？”学生在这种情境下，第一反应是燃“纸”真的能够成“铁”吗？学生通过思考、分析、推理，得出理论上含有铁的可能。这个时候教师要求学生按照推理的思路写出相关的方程式，之后提出一个问题：“黑褐色的物质除了可能含铁之外还可能是什么物质？”学生进一步思考讨论，得出结论：黑褐色物质可能含有以下四种成分——$Fe$、$FeO$、$Fe_3O_4$、$C$。根据学生的猜想，教师可让他们自己设计一个合理的方案确定这团黑褐色物质的成分。当学生完成这个实验方案的时候，有关铁及其化合物的相关知识会得到建构。而这个过程中，学生有问题，教师就为他们解答；当他们给出不完善的方案时，教师可针对诸方案提出问题，让他们明白有漏洞，继续思考。这种模式下，问题的产生来源于学生的主体活动，教师的问题是针对学生的活动反馈出来的，起引导作用。

**（三）分析问题，建立假设，制订方案**

通过创设情境，产生问题，学生带着问题认真分析、推理，适当地合作交流，找出解决问题的突破口，进而提出假设。在这过程中，虽然有时学生的假设不合理，或者不够完善，可能要耗费大量的课堂时间，但只有这样才能真正地提高学生解决问题的能力。

在“铁及其化合物复习课”中，学生对于情境的问题非常感兴趣，但要说出为什么会有“铁”还是有比较大的难度。在这个过程，教师不断鼓励，以聊天的方式，从铁的物理性质、滤纸的成分、高炉炼铁、铁离子的水解能力这些方面和他们交流后，有同学说出了整个思路：滤纸的主要成分是纤维素，在受热时会脱水产生具有还原性的碳；在氯化铁溶液中，氯化铁发生水解反应后有氢氧化铁产生；滤纸燃烧时产生的热量能使氢氧化铁发生分解反应生成氧化铁；滤纸燃烧时产生的热量也能使碳与氧化铁发生反应生成铁单质。这个时候，整个课堂非常活跃，学生开始对教师的下一个问题“设计一个合理的方案确定这团黑褐色物质的成分”积极思考分析、推理，然后给出自己的假设，在被教师否定多次之后，同学们终于合力想出了一个比较完善的实验方案，如下所示：

固体产物→磁铁检验→
- 磁性固体→用盐酸溶解
  - 有气泡，含有 Fe
  - 滴加 KSCN 溶液出现血红色，含有 $Fe_3O_4$
- 剩余固体→用盐酸溶解
  - 不溶解，含有 C
  - 能使高锰酸钾溶液褪色，含有 FeO

这个方案的制订，就是学生解决问题的一个思维过程，也是知识建构的一个重要环节。

**（四）实验探究**

化学实验可以为学生提供一个真实而完整的问题情境，激发学生的好奇心和求知欲。因此，利用实验内容的魅力创设问题情境，可充分发挥学生的主体性。[①] 实验探究是知识建构的最后一个环节，只有让学生亲身体验过才能将知识真正转化为自己的技能，并得出正确的结论，完成整个建构过程。但是，由于时间的限制，当时上“铁及其化合物复习课”的时候只到制订出实验方案就结束了。后来，偶然的机会发现原本以为完善的实验方案居然存在漏洞，当铁和四氧化三铁同溶于盐酸时，铁有可能会与四氧化三铁产生的铁离子反应，这样有可能看不到气泡，也有可能看不到溶液变血红色。这个实验方案只有当两种现象都出现的时候才能说明结论，如果没有气泡，也没看到血红色溶液，就无法得出任何结论。而这些问题，显然是需要通过实验去确认的。所以，这里提出来作为反面例子，也强烈呼吁大家一定要重视实验探究这一步，这应该是化学课程有别于其他课程的特色之一。

高中化学“问题—探究—建构”教学模式的范式，可总结为：创设情境—提出问题—分析问题、建立假设、制订方案—实验探究。这四个环节并不是一定要以这样的顺序出现在课堂中，而是整节课的内在体现。这里虽然称为“范式”，但各个环节应该是灵活多样，融会贯通，切不要以“模式”束缚自己，这种范式应该是一种精神体现，而不是作为一个“刻板”存在。

---

① 康凯. 高中化学“问题—探究”教学模式的实践研究［J］. 课程教育研究，2013（26）.

# 基于对比实验法的化学课堂问题情境设计

江泽芝

化学是一门以实验为基础的学科，利用化学实验创设问题情境是最常用的手段之一。对比法是学习研究化学必不可少的一种方法，在对比中我们往往很容易发现事物的变化规律。但是，在高中课堂实验中，很多实验都只有单一的演示功能。虽然丰富的实验现象也能对学生产生巨大的冲击感，但因为缺乏探究的意味不能使这种激情延续下去。苏霍姆林斯基说过：在人的心灵深处，都有一种根深蒂固的需要，就是希望自己是一个发现者、研究者和探索者。单一的演示实验很多时候只能将学生置于旁观者，只有通过设计对比实验，让学生去发现问题，才能激发他们研究、探索的热情。下面是笔者自己在教学中设计的三个案例，供大家参考。

## 一、案例一　酸碱盐水溶液的导电实验

原实验设计见图1：

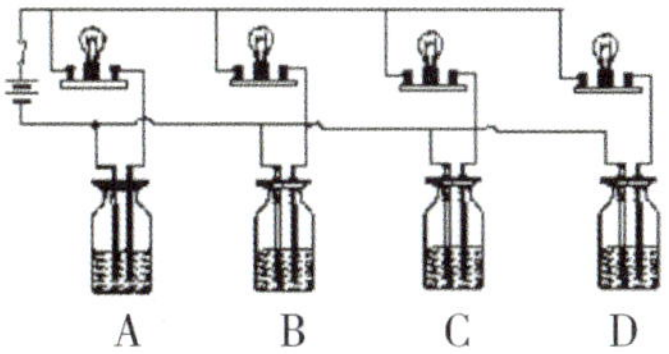


图1

表1　图1中广口瓶所盛放的药品

| A | B | C | D |
|---|---|---|---|
| NaCl溶液 | 稀硫酸 | NaOH溶液 | 蔗糖溶液 |

这个实验是为了引出电解质的概念，说明酸碱盐是电解质，而蔗糖等有机物是非电解质。实验的用途就仅限于此，无法进一步引导学生探究后面有关电离的内容，因此笔者在原实验设计的基础上做了一点改进，装置如图2：

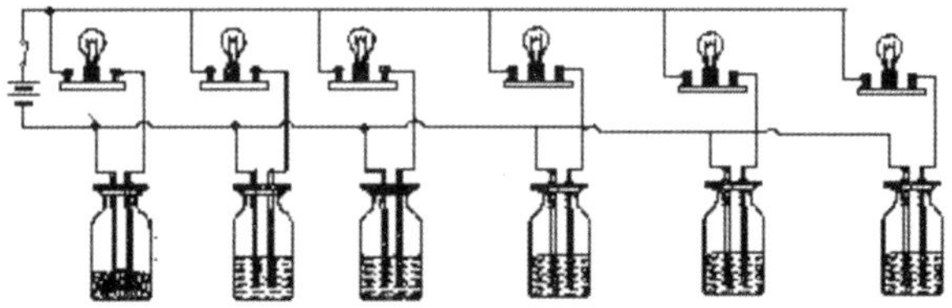


图2

表2　图2中广口瓶所盛放的药品

| A | B | C | D | E | F |
|---|---|---|---|---|---|
| NaCl固体 | 蒸馏水 | NaCl溶液 | 稀硫酸 | NaOH溶液 | 蔗糖溶液 |

在原实验设计的基础上添加两个装置作为对比实验。C—F跟原来的实验是一致的，可以引出并说明电解质的概念。再通过对比A、B、C三个实验现象之后，学生会发现NaCl固体不导电，蒸馏水也不导电，而把NaCl固体溶解到蒸馏水中形成NaCl溶液就可以导电了。“这是为什么呢?”这一组反差现象在学生的脑海中迸出火花，学生开始进入问题情境，他们非常渴望弄清这种现象的原理，带着这个问题去学习电离内容，整节课都在探究，不会令人感到疲乏。这一组对比实验让学生很容易发现电解质本身是不能导电的，它需

要在一定条件下才可以导电，这突破了教学的难点。

## 二、案例二：氢氧化铁胶体的制备

原实验设计：将饱和 $FeCl_3$ 溶液滴入沸水使其生成 $Fe(OH)_3$ 胶体，这个实验主要是演示 $Fe(OH)_3$ 胶体的制备方法，有助于学生初步认识胶体这种分散系。在制备实验中，笔者增加了另外两个制备实验作为对比，见图 3：

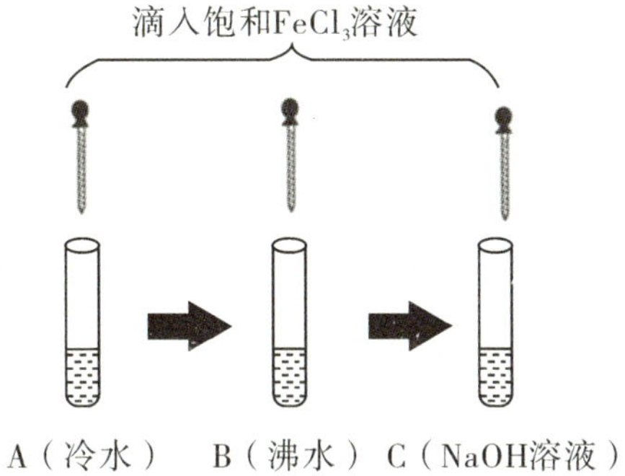


图 3

笔者在课堂上拿出一瓶饱和 $FeCl_3$ 溶液，对学生说："就是这样一瓶简单的溶液，将可以创造出一个丰富的世界。"当把饱和 $FeCl_3$ 溶液分别滴入盛有冷水、沸水、NaOH 溶液的试管中，首先是实验现象的感官冲击，A 和 B 都是水，只不过温度不同，得到现象却大不相同，A 呈黄色，B 呈红褐色，这样学生很自然就被带入问题情境中，A 很明显还是 $FeCl_3$ 溶液，而 B 的颜色大不相同，说明 $FeCl_3$ 与沸水发生反应生成了一种新物质。这种物质是什么？当他们得知这种物质是 $Fe(OH)_3$ 胶体，这时与 C 对比又会产生新的问题情境，C 中产生的是红褐色的 $Fe(OH)_3$ 沉淀，都是 $Fe(OH)_3$，为什么一个是沉淀一个是胶体？当学生带着这些问题一个一个去探究弄明白，要讲授的内容也就学完了，整节课一气呵成，水到渠成。

## 三、案例三：原电池原理实验

原实验设计见图4：

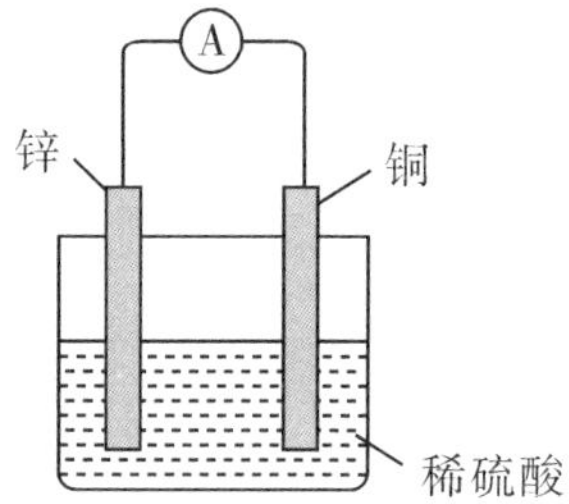


图4

通过这个实验电流表的偏转，学生可以很直观地看出外电路中有电流通过，但是要探明这个电流产生的原理，只能靠接下来教师的理论讲授，显得枯燥无味。因此，笔者通过设计对比实验的方法，让学生在对比中发现问题，探究原电池的原理，实验设计如图5：

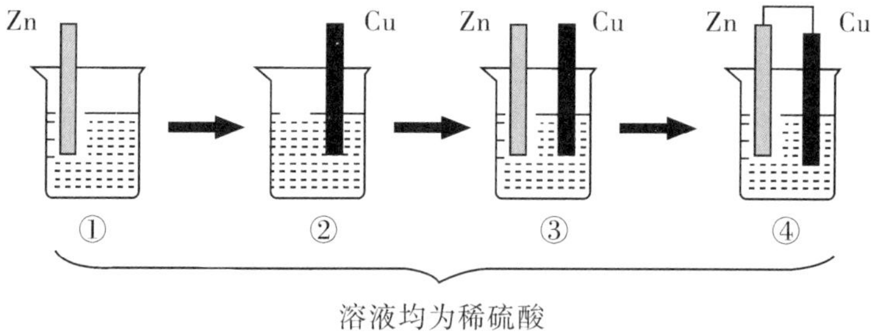


图5

依次完成这四个实验，每做完一个实验要求学生记录现象同时回答问题，见表3：

表3 实验记录表

| 实验编号 | 问题设置 |
|---|---|
| ① | 为什么 Zn 片上会产生气泡？Zn 得电子还是失电子 |
| ② | 为什么 Cu 片上没有气泡 |
| ③ | 实验③中发生的现象正常吗？你能解释吗 |
| ④ | 实验④发生的现象正常吗？如何解释 |

这组实验设计的对比主要在③和④，而①和②又可以为③和④的探究提供线索。当学生完成③时，笔者问："现象正常吗？"学生的心情是非常得意的，因为这完全在他们的认知范围内。然而当他们做完实验④，笔者再问："现象正常吗？"这个时候学生不再平静了，纷纷展开讨论，为什么铜片上会有气泡产生？处于这样的问题情境中，学生最先想到的是铜片和稀硫酸发生了反应，但他们马上又否决自己，因为实验②和③已经证明了这一点。而当学生再回顾实验①时，他们就会开始推测，实验④发生反应仍然是 Zn 而不是 Cu，Zn 失电子给 $H^+$，只不过失去的方式有所改变，通过导线传到了铜的表面，$H^+$ 在铜片上得到电子生成了氢气。当学生结合实验现象推导出这个假设的时候，笔者问学生："这些都只是你们的假设而已，你们有办法证明吗？"在一番思考之后，有学生提出用电流表接到外电路进行验证。这个时候笔者才拿出藏在讲台下的电流表，学生立马雀跃起来，好像要解开什么未解之谜一般，迅速接过电流表之后开始他们的验证……整节课在"对比实验—发现问题—提出假设—验证实验"的问题情境中圆满结束。

有时候教师可能觉得设计实验是非常麻烦的事情，但是从笔者提供的这三个案例可以看出，药品和仪器还是原来那些，只不过在设计上花了一点时间，并没有太复杂的操作。但可以在课堂上引起巨大的反响，不仅学生得到了满足，教师作为设计者的那份成就感也是难以言喻的。下课时有学生对你说："老师，你真是太有才了！”这会让你感觉到你已不仅仅是一名只会讲课的教师，更是一名优秀的课堂“设计师”。正如苏霍姆林斯基所说：教师如果不想方设法使学生产生情绪高昂、智力振奋的内心状态，而只停留在不动感情的脑力劳动上，学生就很容易产生疲倦。

（本论文在2016年普宁市中小学教师论文比赛中荣获二等奖）

**参考文献**

[1] 苏霍姆林斯基. 给教师的建议［M］. 杜殿坤，译. 北京：教育科学出版社，1984.

# 新高考新策略

林晓英

广东省高考从2016年开始使用全国卷，这给我们的教学和备考提出了挑战。怎么让学生顺利学好化学，在高考中考出好成绩，是化学教师需要认真思考、反思的问题。笔者多次参加广东省新高考的培训会，也吸取了全国各地名师们的一些经验之谈。那么为了增强高三化学复习的针对性和有效性，大幅度提高教学质量，化学教师应该采用什么样的策略呢?

**策略一：感受高考，确定热点**

我们必须要先弄清楚全国卷与广东卷的不同，对考查的内容和考试的形式，做到精研考纲、把准方向、心中有数。高考化学试题是总复习的主线，考查方式和考查的内容有一定的导向作用。所以在备考前笔者先做完近五年全国高考化学试题，感受高考常考的知识点、考查的能力要求以及考查形式。从近几年全国卷理综化学试题分析来看，高考整体难度适中，覆盖面广，主要考查考生对中学化学基础知识的掌握程度，以及接受、吸收、整合化学信息的能力和设计实验的能力，进一步考查考生的创新能力和分析解决化学问题的能力。试题始终保持着稳中有变的原则，较好地体现了新课改的理念和化学教学的要求。

全国卷化学部分命题形式大致如此：七道单项选择题，三道必考题，二道选考题（采取二选一），满分100分。选择题考点分布稳定度略低于广东卷，灵活性高于广东卷，主要考查的知识点有化学与生活、有机化学基础、电化学、化学实验、物质的量、元素周期律、电解质溶液、离子平衡等问题。选择题命题范围基本稳定，但具体考点常有变化。三道必考题考查相应专题的主干知识——元素知识、化学反应原理、实验基础知识，试卷中大致有 26 道实验题，27 道化工题，28 道原理题，主要考查学生的解题能力。高考将各种题型进行混合考查，考查内容相互交叉和渗透，没有限制，考查考生对图表、分析流程、辨认结构的认识能力。题目将通过表格、曲线图、装置图、结构图、流程图，考查考生阅读、整合、提取和应用及分析各种图表装置中隐含的化学原理、规律、方法、数据的能力，这是对考生理科综合能力水平的考验。两道选考题，为结构题和有机题，广东考生大致以选有机题为主，有机化学选考题因为一种物质推理错误而使整体受牵连的情况少，学生得分机会增大。有机化学的考查不但要根据分子式、官能团性质对未知物进行推断，也要通过有机物结构的对比分析对未知物进行推断；也强调对陌生反应机理的现学现用及有机合成路线的迁移。同分异构体的考查一直备受重视，选考题中经常出现对同分异构体种类的计算，总数有 20 多种，对部分学生来说该题得分较难。

弄清全国卷的常考热点，逐步摸索理综试卷的答题技巧，明确答题规范，这样复习的时候才能得到较好的效果。

**策略二：重视课本，回归基础**

第一轮复习的主要目标应该是以教材要求为准，任何参考资料都不能完全代替课本。参考资料都是基于课本的。无论是简单题还是难题，它的“根”都离不开课本，而且都能从课本上找出解题依据。我们要力求做到细、全、透、实，牢固掌握基础知识，在扎实复习课本知识的同时要学会总结方法和理清解题思路。基础知识是解决问题的根本依据，可以对照 2016 年的《考试说明》，逐一筛查核对每一个基础知识点。通过第一轮的复习，要让学生进一步理解化学概念的内涵和外延，特别是容易混淆的概念更要深入了解。要掌握这些概念之间的联系和区别。如果第一轮复习中同学们对知识点的梳理不够认真、细致、透彻，基础打不好，将会严重影响后续复习的效果。

**策略三：专题训练，提升能力**

二轮复习的基本要求是：专题切入，辐射全书；整理体系，构筑框架；举一反三，培养能力。

全国卷注重对能力的考查，很多同学对记忆性知识基本掌握，但考试时总是拿不到高分，很可能是因为化学学习能力（接受、吸收、整合化学信息的能力，分析和解决化学问题的能力，化学实验与探究能力）较弱。如何提高解题能力，建议从现在开始明确自己的薄弱点，选择具体的相关专题（如“同分异构体”“综合实验题”“化学反应原理试题”“元素化合物试题”等）进行训练。对于高考真题和各地模拟题也要加以选择借鉴，教师要能对高考题适时、适度甄别选取，并提供给学生练习。不要贪多，尽量不要让学生整天埋头于题海，那是对学生身心的摧残。作为教师，我们应该帮助学生选题，让学生愉快地学习、创造性地学习，减轻学生的学习压力。要在解题的过程中进行对比、反思和梳理，从方法上领会审题、破题、答题。对一道题目能进行多角度思考、总结，举一反三，就可达到做一题通十题的效果。教师讲评要做到：讲出试题的立意、命题的角度、干扰项的设置，讲出误区，讲出扩展，达到讲一题复习一个板块的目的。长此以往，学生便能应用已有知识并结合题目信息解决实际问题，提高解题能力。

**策略四：错题梳理，科学解题**

从一开始，便要让学生建立错误改正本，把每次考试，特别是高三下学期的重要考试、模拟考试中不会做的题和做错了的题全部记在改错本上。高考前的最后一段时间使用改错本进行复习，对错题再做一遍，发现问题及时解决，这样能更有效地复习。

我们在备考过程中，一定要做到“备考要务实，问题要找准，思路要清晰，方法要创新，措施要准确，信心要十足”。借用《道德经》中的一句话：“天下难事必作于易，天下大事必作于细。”希望我们在化学教学中从“易”处着手，从“细”处着眼，最终决胜高考！

**参考文献**

［1］广州市教育研究院.2016年普通高考广东使用全国统一命题说明及指导意见［S］. 广州市教育研究院编印，2015.

# 论新课程高中化学教学应坚持“四个注重”

张逸雄

“教什么、怎么教”一直是课堂教学的核心。高中化学新课程的基本理念立足于学生适应现代生活和未来发展的需要，着眼于培养21世纪有科学素质的公民，明确提出要构建“知识与技能”“过程与方法”“ 情感态度与价值观”相融合的目标体系。这很好地回答了开篇的问题，为教师教学指明了方向。笔者认为，新课程高中化学教学要实现这一基本理念，就必须注重教学过程与方法，坚持“四个注重”。

## 一、注重体验化学实验过程

化学实验作为高中生获取知识和创新知识的主要手段，是培养学生学习化学兴趣、拓展学生化学思维的主要渠道。① 化学是一门以实验为基础的自然科学，在教学过程中，必须认真做好化学实验。实验能使学生获得具体、生动的感性认识，从中体验化学过程，培养科学的观察力，引发主动性思维，能透过现象看本质。同时，感受发现的乐趣和化学的魅力，提升学生学习化学的情感态度和价值观。例如，在学习金属钠性质时，笔者做了三个实验，要求学生认真观察。

① 廖海霞．关于高中新课程中化学实验教学创新研究［J］．化工管理，2017（2）．

【实验1】展示保存在煤油中的钠，取一小块钠，用滤纸吸干表面的煤油后，用小刀切成两部分，观察截面及其在空气中的变化。

【实验2】取一小块金属钠放在坩埚里，加热，观察现象。

老师边做实验边引思、发问。通过实验1、实验2观察到的现象，学生感知到了钠的一些性质。钠沉在煤油中，说明密度大于煤油，能用小刀不费力切开，说明质软，截面开始呈银白色，有光泽，与其他多数金属相同。在空气中逐渐失去光泽，变暗，说明能与空气发生反应。给金属钠加热，发出黄色火焰，生成一种淡黄色固体，说明反应条件不同，产物不同。在这个过程中，学生通过亲身观察和体验，感知到无穷的学习乐趣，轻松获取了化学知识。

【实验3】在水槽中盛三分之一的水，滴入几滴酚酞，把一小块金属钠投入水槽中。观察到下列现象：钠浮在水面（密度比水小），熔成闪亮小球（熔点低，反应剧烈并放热），在水中向四处游（产生气体，小球受力不均），发出"嘶嘶声"（小球、水、气体互撞的声音），溶液变红色（生成 NaOH，使溶液变红色）。

这个实验极有趣、新颖，激发了学生强烈的好奇心和求知欲，让学生深刻体验化学过程，为形成知识技能和发展思维提供生动的感性素材。所以，做好实验，注重学生体验化学实验过程是学好化学的重要前提，是高中化学教学不可缺失的部分。

## 二、注重培养思维能力

思维的培养与动手操作有着直接的联系，正如苏霍姆林斯基所说："手和脑之间有着千丝万缕的联系，手使脑得到发展，使它更加明智，脑使手得到发展，使它变为思维的工具和镜子。"实验具有很强的操作性与思考性，是培养学生思维能力的重要途径。[①] 化学思维能力的培养，植根于对化学过程的体验，离开了化学过程，思维就成为无源之水，脑子无所感知，一片空白，谈何思维能力的培养？在学生对钠的性质获得感性认识的基础上，教师可以提问：“把钠投入盛有煤油和水互相混合的大试管中，有什么现象？请大家猜想。”

学生甲：钠浮在水和煤油的界面上，不浮不沉，因为钠的密度小于水而大于煤油。

学生乙：钠像孙悟空一样，上蹿下跳，好难受（全班大笑）。因为钠与水接触，剧烈反应，产生气体，推动钠向上弹，但钠不与煤油反应，密度比煤油大，又沉下来。

老师：两位同学的回答都很有道理，让我们试一试吧。

实验结果，正如学生乙分析和预测的一样。

这是一个解决问题的思维活动，是培养思维能力的一个重要方面，是以感知为基础，以推理形式为主的分析综合、抽象概括的过程。它包含四个阶段：提出问题（发现矛盾的过程）—明确问题（找出主要矛盾的过程）—（以假设形式找到解决矛盾的方案）—检验假设（通过实验）。

### 三、注重练习形成知识技能

技能是在理解知识的基础上通过练习形成的。对知识的理解并不等于技能的形成。课堂教学上，教师培养学生的技能主要是智力技能，属于在头脑中进行的认识活动方式，是学生对知识的内化过程。注重练习，是培养技能的需要。在学习金属钠的性质后，教师

① 张蓉芳，王晶杰，赵伟涛．重视实验教学，激活高中化学教学［J］．中国校外教育，2014（17）．

又演示了金属钠与 $CuSO_4$ 溶液反应的实验。同学们观察到该反应中生成了蓝色 $Cu(OH)_2$ 沉淀而没有 Cu 单质生成，这是为什么？有一化学兴趣小组也做了同样的实验，却意外地发现蓝色沉淀中混有少量黑色沉淀，而所用的药品均没有问题，那么该黑色难溶物质是什么？生成黑色物质的原因是什么？

第一个问题，金属钠与 $CuSO_4$ 溶液中的 $H_2O$ 剧烈反应，生成 NaOH，再与 $CuSO_4$ 溶液反应生成蓝色 $Cu(OH)_2$ 沉淀，而 $Cu^{2+}$ 没有被置换出来。第二个问题，黑色物质是 CuO，这是因为 Na 与 $H_2O$ 剧烈反应放热，而使生成的部分 $Cu(OH)_2$ 分解为 CuO。

同学们虽然对钠的化学性质能理解，但不能很好地进行“内化”，迟迟回答不上来，我便引领大家寻找突破口，让学生一层一层剥离，找到解决问题的方法，形成技能。第一个问题，从 $CuSO_4$ 与什么物质反应能生成 $Cu(OH)_2$，寻求突破口。第二个问题，从 $Cu(OH)_2$ 联系到它能否变成黑色物质，条件是什么，寻求突破口。经过这样的训练，学生形成了自己的知识技能。

## 四、注重培养学生科学的学习方法

培养学生科学的学习方法，教学生“怎么学习”，不但能增强学生学习的自主性和自学能力，也使学生找到打开知识大门的钥匙。结合化学科的特点，就是要多练习，形成知识技能，多做实验，多实践，培养实事求是的科学精神。例如下面这道讨论题：

在 NaOH 溶液中滴入几滴酚酞试液，溶液变红色，并滴几滴新制氯水，红色褪去，为什么？请各抒己见。

通过分组讨论，学生反应比较强烈，概括起来有两种说法：

甲方：NaOH 被氯水中的酸完全中和，故红色褪去。

乙方：溶液中酚酞被氯水中的 HClO 氧化，酚酞失效而褪色。

双方争论比较激烈，谁也不能说服对方，等待老师评判。教师引导说：“你们双方再讨论，设计一个实验方案来检验，不是更好吗？光凭老师说了也不算。”

在教师的鼓励下，双方各设计一个实验方案。

甲方：用酸度计测 pH，若溶液显碱性，说明是酚酞与 HClO 作用后失效。

乙方：再往溶液滴加 NaOH 溶液，若溶液显红色，说明氯水的酸起作用，否则是 HClO 起漂白作用。

双方的实验方案简易可行，有科学性，得到了教师的肯定，并立即做了实验。实验证明乙方的假设和推测正确，一场有意义的争论结束了，大家心服口服。

这让学生体验到了成功的喜悦，找到解决化学问题的钥匙，掌握了学习化学的重要方法，实践出真知。

此外，还要教给学生归纳概括的学习方法。例如钠与水反应现象明显，为了便于记忆，概括为顺口溜：“钠浮水，熔成球，球闪亮，四处游，嘶嘶声，溶液红。”读之朗朗上口，浅显有趣。实践证明，学生掌握了科学的学习方法后，学习能力和效果会大大提高，科学素养也同时得到提高。

以上“四个注重”，以教学过程和方法为核心，在教学活动中，促进了学生学习化学情感态度的提升，同时，也潜移默化地促进学生把知识转化为技能，从而构建了新课程三维目标的和谐统一。

# 深入调研反思　提高课堂教学执行力

张逸雄

只有深入调研，才能知彼知己，才能知道学生掌握了什么、需要什么、思考什么以及怎么学，才能从学生实际出发，才能备课备学生。学生是主体，没有到学生中去，掌握实证材料，怎么发力都打不到靶子上，谈何教学效果？为此，笔者到学生中去，进行深入调研反思，为自己的教学教研找好着力点，提供依据。

近三个月来，我们发放调查问卷460多份，分两组进行。调查内容具体全面，并撰写了调查报告。在这过程中，笔者还先后对40名学生进行访谈，掌握了教与学中存在的问题。我们正在以问题为导向，逐一反思，有序进行，认真分析，探索、寻求解决问题的途径和方法。其中较为突出的一个是概念教学，学生掌握不尽如人意，教师发力不精准，课堂教学执行力发挥没有达到预期目标。

## 一、概念教学剖析

例如，“物质的量”为什么难学？作为初学者，一是语感上比较陌生，生活中未听说过，抽象难领会；二是学生已有的知识储备、生活经验和日常体验与现有概念差距较大，脑子里存在较多与该概念不一致的“相异构想”。通常把“物质的量”理解为物质的质量，把它的单位摩尔理解为数量单位，或把摩尔误为物理量。“物质的量”本是联系其他各个量的桥梁，但学生变通能力较低，不会应用相关公式解决问题，对公式各个字母所表达的意义也模糊不清，不明确公式的适应对象和范围，甚至乱套公式等，这是学生存在的问题。而教师本人由于对学生了解不充分，在教学设计、教学环节、教学环境的创设上没有充分考虑学生已有的知识水平和可行性，没有考虑如何减少学生的"相异构想"，比较主观，以自我感觉为导向进行教学设计和教学活动。《吕氏春秋》指出："反己为教，所加于人，必可行于己，若此则师徒同体。"由于没有进行换位思考，造成了教与学脱节，岂能师徒融合同体？在课堂练习上，未能全面展示各种"相异构想"，以它为反例，找出与学科概念相矛盾的说法，从而指出它的不合理性，矫正学生固有的想法，回到正确概念层面，使所学概念得到巩固和应用。此外，"物质的量"这个概念在中学阶段应用最广，需要长期深化发展。笔者急于求成，目标定得高一点，欲速则不达。因为这些缺失，课堂教学执行力大打折扣，不尽如人意。但是，正是这种自我剖析反思，促使笔者对概念教学提出各种假设和选择，寻求解决问题的途径和方法，改进了教法，取得了一定效果。

## 二、概念教学教改

在"氧化还原反应概念"教学（片段）中，笔者设计了五个教学环节：

（1）设置思考题：

$$CuO + CO \xlongequal{\triangle} Cu + CO_2；2Na + Cl_2 \xlongequal{点燃} 2NaCl$$

首先，提出问题：这两个反应是不是氧化还原反应？学生回答第一个反应是氧化还原反应，第二个反应有三种声音：第一种基础较好的，回答"不是"，因为没有得失氧；第二种回答"是"，是思维较活跃的学生，以猜想为主，但不知道是何依据；第三种是不知怎么判断。接下来，笔者和学生一起对第一个反应的化合价变化进行分析，转入另一角度判断氧化还原反应，再过渡到钠和氯气反应是否为氧化还原反应。通过比较，学生就能判断第二个也是氧化还原反应。看问题角度一转变，学生思路就打开了，视野开阔了，发现根据化合价升降判断反应的类型是一种好方法。而初中所学概念有极限性，从而对初中所学内容感到不满足，激发兴奋点和求知欲。为何设置这两个反应式？第一是学生熟悉，第二是教学重难点的典型，以第一个作为过渡，与第二个反应衔接，第二个反应则为课堂后续教学埋下伏笔。

（2）给出四种反应典型，让学生尽量举例展示相异构想，课堂反应比较热烈。

（3）根据氧化还原反应的特征，顺着学生思路分析，找出与概念相矛盾的各个反例，解释“相异构想”的不合理性。

（4）展示正确概念，在学生参与下，共同归纳并用图示表示四种基本反应类型与氧化还原反应的关系，如下图：

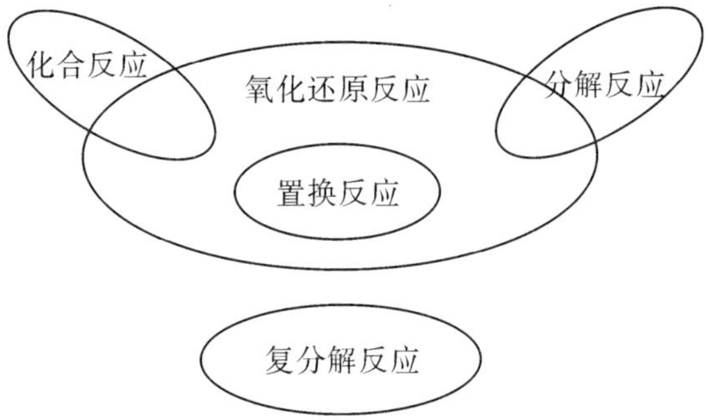


（5）提供新问题情景，依托不同素材和不同提问方式进行设计，提出为什么氧化还原反应有化合价变化？为什么要用它来判断？这是学生心中最后一个悬念，也是概念的核心、本质，是本节课最深层次的问题。

为此，教师借助视频实验——金属钠和氯气反应，让学生感知两种物质剧烈反应的现象，从原子结构入手，分析得失电子导致元素化合价升降，并且电子得失同时进行，氧化还原反应同时进行，电子得失相等，表现为化合价升降总数也相等，至此，学生对氧化还原反应有了深层次认识：本质是原子有电子得失（电子对偏移留待今后学习共价化合物时再作深化）。电子得失和元素化合价存在必然内在联系，电子得失多少反映在化合价变化上，这就是本质与表征关系。最后，用简洁化学用语双线桥法小结氧化还原反应：

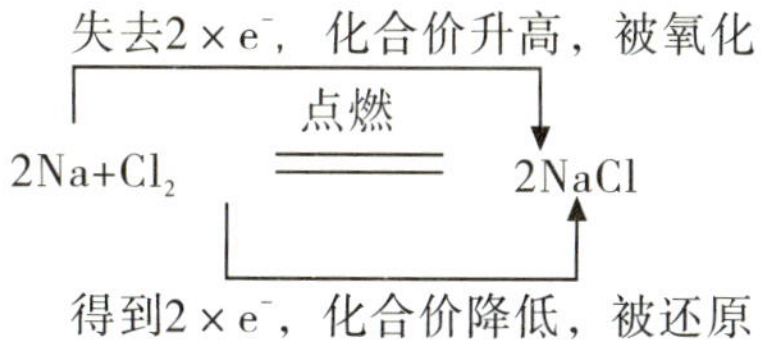


在讲解的过程中提问：箭头所指元素为何与反应前元素相同？能否随意指向别的元素？这样，既教会学生规范表达，又使学生通过上式明确了本质和特征的逻辑关系，培养思维方法：

元素的原子失电子⟶元素化合价升高⟶被氧化⟶发生氧化反应；

元素的原子得电子⟶元素化合价降低⟶被还原⟶发生还原反应。

学生体会到一个双桥表示法，简洁而有内涵，能理解其中的含义。至此，学生觉得氧化还原反应概念并不枯燥，而且学得深刻，在学中不断内化掌握。

这是笔者概念教学反思的一个片段，也是其他方面教学反思的一个缩影，通过不断反思和改进，提高课堂执行力，收到较好的教学效果。虽然还存在遗憾，但毕竟把笔者向前推进一步，有一点小成绩，现将 2014 年和 2015 年第一次月考及期中考成绩列表比较如下：

| | | 2014—2015 年第一学期 | | 2015—2016 年第一学期 | |
|---|---|---|---|---|---|
| | | 起点较高班级 | 起点较低班级 | 起点较高班级 | 起点较低班级 |
| 班级人数（人） | | 58 | 56 | 60 | 58 |
| 第一次月考平均分(分) | | 44.96 | 26.15 | 51.95 | 39.22 |
| 期中考平均分（分） | | 42.68 | 31.39 | 50.08 | 36.75 |
| 第一次月考及格人数（人） | | 12 | 1 | 24 | 10 |
| 期中考及格人数（人） | | 11 | 2 | 20 | 7 |
| 试题难易比较 | 月考 | 试题完全相同 | | | |
| | 期中考 | 最后一题难度相比去年有所提升，其他相同 | | | |

从上表可以看出，这些小小收获，虽然微不足道，却传递了一个强烈信号，深入调研反思，努力提高课堂教学执行力，能够提高教学质量。

**参考文献**

[1] 唐敏．从新课程改革看教师执行力［J］．师资建设，2009（7).

[2] 姚志敏，谢利民．教师课程执行力——一个值得关注的课题［J].教育探索，2010（11）.

[3] 艾里克森．概念为本的课程与教学［M］．兰英，译.北京：中国轻工业出版社，2003.

# 在化学教学中培养学生解题技能

张逸雄

高中生在学习化学的过程中，往往会遇到许多困难。比如学了化学知识之后，解决化学习题却无从着手，或解题思路中断而无法继续进行，或者是在解题时不能举一反三、触类旁通。通过多次观察学生解题过程，笔者认为这些问题的症结主要有三方面：一是没有对知识进行内化吸收；二是没有对知识进行整合、梳理、系统化；三是没有把知识转化为技能，不会对知识进行迁移运用。

那么，在高中化学教学中如何培养学生的解题技能呢？笔者认为通过以下途径可以提高学生解题技能，培养能力。

## 一、帮助学生对知识进行内化吸收

学生学了知识之后，不及时进行自我消化，囫囵吞枣，就不能有效吸收知识，就不能同化为自己的东西。表面上是懂得一些东西，实际上还不能真正为自己所拥有。这正如我们吃了蛋白质，必须在体内水解为氨基酸，然后才能重新结合为体内所需的蛋白质一样。所以必须帮助学生对知识进行内化和吸收。所谓内化，就是通过教师的讲解和引领，学生自主获取知识后，经过自己一系列审思活动，琢磨、加工、深化理解、消化。例如，在讲解电子云概念时，可以进行类比帮助学生内化：

用一根带火星的木条在黑暗处快速作圆周运动，可以看到一个光亮的圆，那是由无数个亮点集合构成的，那是肉眼生理作用留下的感觉，其实亮点只有一个。火星高速移动瞬间留下的痕迹，就好像带负电云雾笼罩在原子核周围，我们就形象地描述为“电子云”。

这样，就能把电子云概念形象化，发挥学生的想象力，深化理解，形成空间概念，就能帮助学生内化吸收。笔者曾对两个教学班进行对照，没有利用类比帮助内化的班级，学生不能形成空间概念，看氢原子电子云轮廓图片时，以静态的眼光去想象，觉得氢原子核外只有一个电子，而图片上却看到“很多电子”，难以理解；在解决相关化学问题时出现较多错乱。而利用类比帮助内化的班级，学生觉得概念不难理解，易接受，并且明白多电子原子电子云密度比氢原子大，在解决相关化学问题时表现出较好的解题技能。所以，在化学教学中，应尽可能采用一切可行的方法，帮助学生对知识进行内化，这是培养解题技能的前提。

**二、帮助学生整合、梳理知识，使知识系统化**

随着知识的积累和增多，学生觉得知识越来越复杂、零乱，易混淆，应用时提取不出有用知识，致使解题时无从着手或思路中断。因此教师要帮助学生对知识进行整合、梳理，使之系统化，形成知识网络。例如，铁及其化合物主要性质和重要性在中学各阶段化学教材中均有不同程度的体现，在初中教材中介绍铁的简单性质，在高中《必修 1》《必修 2》《选修 3》《选修 4》《选修 5》五本教材中，对铁及其化合物知识有深化和扩展，知识零散，许多学生没有依据教材进行整合、梳理，所以在解决相关问题时常常提取不出知识，出现很多差错。比如把 Fe 和 $Cl_2$ 反应的生成物错写为 $FeCl_2$；把 Fe 和稀 $HNO_3$ 反应产生的气体误为 $H_2$。鉴此，教师应帮助学生建立知识网络。如笔者帮助学生对铁元素的知识体系进行整合系统化，一起构建如下知识网络：

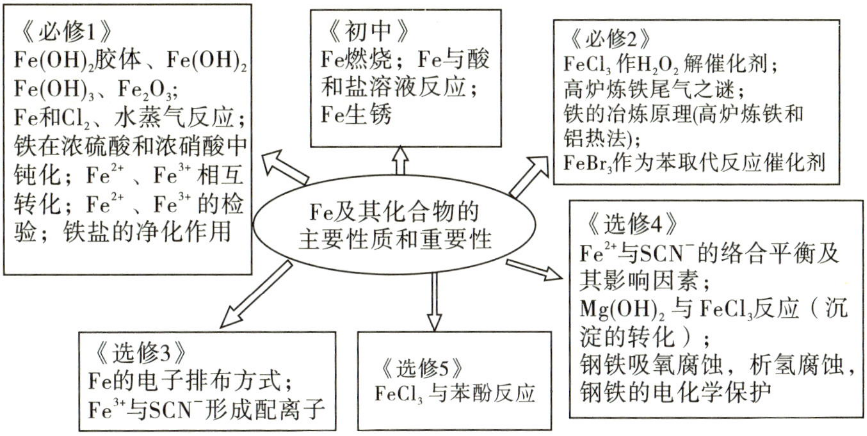


这样使学生对教材内容有整体把握，知识系统化、条理化、网络化储存，并能够敏捷地检索和提取知识分析解决化学问题。笔者曾用以下一道题对学生进行考查。

铁单质及其化合物在生活、生产中有广泛应用。请回答下列问题：

（1）黄铁矿（$FeS_2$）是生产硫酸和冶炼钢铁的重要原料。其中一个反应为 $3FeS_2 + 8O_2 \xlongequal{高温} 6SO_2 + Fe_3O_4$，3 mol $FeS_2$ 参加反应转移________ mol 电子。

（2）氯化铁溶液常用作印刷电路铜板腐蚀剂，反应的离子方程式为

________________________________________。

从腐蚀废液回收得到金属铜还需要的试剂为

________________________________________。

（3）与明矾相似，硫酸铁也可用作絮凝剂，在使用时发现硫酸铁并不能使酸性废水中的悬浮物沉降除去，其原因是____

________________________________________。

（4）下表中，对陈述Ⅰ、Ⅱ的正确性及其有无因果关系的判断都正确的是________（填字母）。

| 选项 | 陈述Ⅰ | 陈述Ⅱ | 判断 |
| --- | --- | --- | --- |
| A | 铁是地壳中含量最高的金属元素 | 铁是人类最早使用的金属材料 | Ⅰ对；Ⅱ对；有 |
| B | 常温下铁与稀硫酸反应生成氢气 | 高温下氢气能还原氧化铁生成铁 | Ⅰ对；Ⅱ对；无 |
| C | 铁属于过渡元素 | 铁和铁的某些化合物可以用作催化剂 | Ⅰ错；Ⅱ对；无 |
| D | 铁在空气中表面生成致密氧化膜 | 可用铁罐储存运输浓硫酸、浓硝酸 | Ⅰ对；Ⅱ对；有 |

（5）钢铁的析氢腐蚀简单示意图如右，正极的电极反应式为________________。该图某处稍作修改即可成为钢铁电化学防护的简单示意图，请直接在图中作出修改并标出电子流动方向。

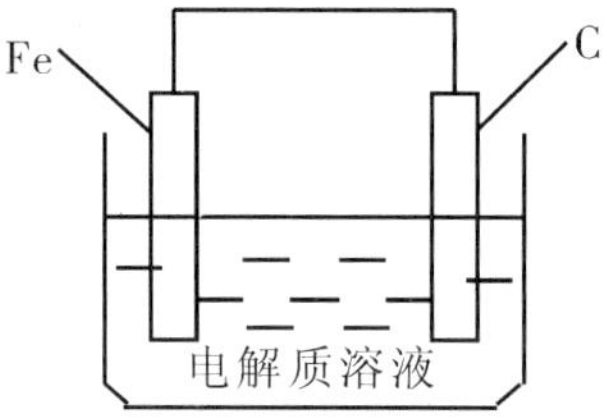


答案：（1）32

（2）$2Fe^{3+} + Cu \!=\!=\!= 2Fe^{2+} + Cu^{2+}$　铁粉、稀硫酸

（3）酸性废水抑制 $Fe^{3+}$ 的水解，使其不能生成有吸附作用的 $Fe(OH)_3$ 胶体

（4）B

（5）$2H^{+} + 2e^{-} \!=\!=\!= H_2\uparrow$

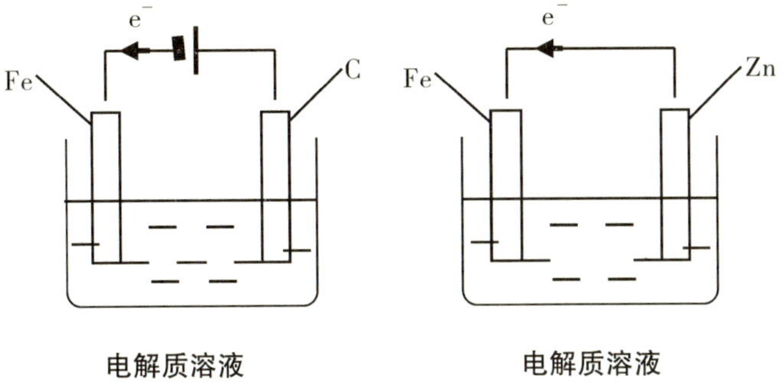


这就是一道考查以上知识体系的大题，涉及冶炼钢铁，$FeCl_3$溶液和电路铜板反应、铁盐的净水作用、单质铁的性质、析氢腐蚀、金属防护、原电池等知识。由于学生已构建了以上知识网络，所以，能很快联系相应的知识解答上题。

因此，教师要帮助学生整合、梳理知识，使知识系统化，这是培养解题技能的必要条件。

## 三、帮助学生把知识转化为技能，指导学生对知识进行迁移重组

解题是一种技巧，也是一种能力。在学生对知识进行内化、整合、系统化的前提下，要把知识转化为技能，就必须靠练习获得。这正如只懂得开车的要领，但没有进行必要的训练，就不能掌握开车的技能，更谈不上技术熟练。所以，教师必须舍得花时间，精选那些突出主干知识、适合学生实际的习题。教师在学生做练习的过程中给予必要的点拨和方法指导，学生积极配合认真做练习，这样才能有效实现课程理念，完成课程目标任务，真正把知识转化为技能，使知识与技能和谐统一。

在掌握一般解题技能的基础上，要提升解题技能，做到举一反三，触类旁通。教师应指导学生学会对已学知识进行迁移运用，指导学生把学过的知识和新知识联系起来，找到结合点，推陈出新，进而解决较高能力层次的化学问题。笔者曾选用下面这道题，指导

学生对知识进行迁移运用。

已知：$CH_2=CH—CH=CH_2+CH_2=CH_2\xrightarrow{\triangle}$ 

物质A在体内脱氢酶的作用下会氧化为有害物质GHB。下图是关于物质A的一种制备方法及由A引发的一系列化学反应。

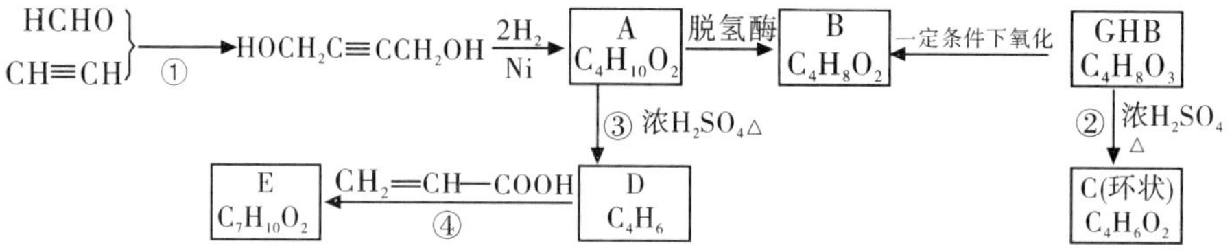


请回答下列问题：

（1）写出反应类型：反应①__________，反应②__________。

（2）写出化合物B的结构简式____________________。

（3）写出反应②的化学方程式________________________。

（4）写出反应④的化学方程式________________________。

（5）反应④中除生成E外，还可能存在一种副产物（含  结构），它的结构简式为________________。

（6）与化合物E互为同分异构体的物质不可能为________（填写字母）。

a. 醇　　b. 醛　　c. 羧酸　　d. 酚

答案：（1）加成反应；消去反应

（2）$HOCH_2CH_2CH_2CHO$

（3）$HOCH_2CH_2CH_2COOH\xrightarrow[\triangle]{浓H_2SO_4}$ 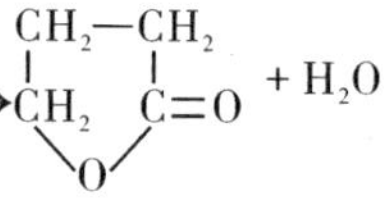 $+H_2O$

（4） $CH_2=CH—CH=CH_2+CH_2=CH—COOH$

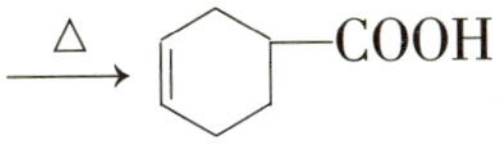

（5） 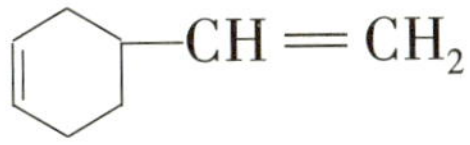

（6） d

本题是一道信息题，必须把已学知识和信息结合起来，找到结合点。把 $CH_2=CH—CH=CH_2$ 能发生 1，4—加成迁移过来，就知道它与 $CH_2=CH_2$ 加成首尾相连，“两头堵”，形成化合物 ，就能弄懂给出的信息。反应①中，只要把醛与 $H_2$ 加成生成醇迁移过来，再看生成物 C≡C 键无断裂，就不难看出 2 个 HCHO 分子与 1 个 CH≡CH 分子加成生成 $HOCH_2C≡CCH_2OH$。反应③中，只要把 $CH_3CH_2OH$ 发生消去反应生成 $CH_2=CH_2$ 的知识迁移过来，就不难得出 D 为 $CH_2=CH—CH=CH_2$。④的反应中，把 $CH_2=CH—COOH$ 看作是以 $CH_2=CH_2$ 为母体，1 个 H 被—COOH 所取代重组而来，就能得出 E 为 $C_6H_5—COOH$。除 E 外，另一可能存在化合物，可看作是两分子 $CH_2=CH—CH=CH_2$ 反应而来，其中 1 个分子看作是 $CH_2=CH_2$ 中 1 个 H 被 $CH=CH_2$ 取代重组而来，就能得出另一产物结构简式 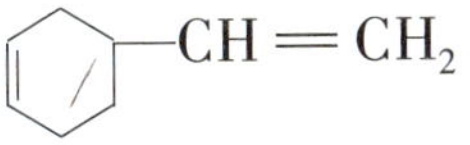，只要把（6）中给出的各类物质组成在脑子里回放一下，就知道 d 不含 ，不可能与 E 互为同分异构体，因而选择答案 d。至于 B 的结构简式和反应②的化学方程式，只要运用所学基本知识就能顺利解答。

选用这道题指导学生进行知识迁移运用，是有一定代表性的，在新旧知识点结合方面很融合，使学生感到旧知识中有新，新知识中有旧，能感受到把课本知识迁移重组解决问题带来的愉悦，也使学生更加重视对课文基础知识的学习。通过本例的指导，学生能举一反三，以后历次考查有关的信息题、原创题，学生能比较从容地应答，准确率较高，真正做到学得活，用得活。

通过对学生解题技能存在的问题进行反思和剖析，笔者探究了以上三条解决问题的途径，并在教学实践中取得了预期效果。这样的方法能帮助学生学会吸收和内化知识，梳理整合，迁移重组知识，从而提高解题技能。

**参考文献**

［1］刘健丰．论知识—技能—能力的协同发展［J］．教育科学论坛，1997（4）．
［2］方展画，刘辉，傅雪凌，徐小州．知识和技能［M］．杭州：浙江大学出版社，2009.

# 精心组织质检点评　有效提高教学质量

张逸雄

教学质量检查，不仅考查学生，也考查老师。通过考查进行总结，发现问题，为教师调整教学思路、改进教学方法、及时纠偏、及时查漏补缺、加强薄弱环节的训练提供依据，对提高教学质量有不可低估的作用。为此，必须精心组织质检，做到“三精”，即精心编制试题、精心评卷批注、精心分析评讲。

## 一、精心编制试题

一份质检试题，对于一个学校来说是优质的，但对另一个学校来说，就不见得。这是因为生源起点有高低，素质有差异，终极目标有差异。教师在课标引导下，设置教学目标、层次、梯度、广度、阶段性、路径上有所不同。一份质检试题必须符合学生实际，按照教师的预期进行设计，才能有效地进行质量检阅和评估。教师手头有许多资料和试题，但没有哪一份试题可以照搬照用，必须经过自己的再创造。这就要求教师必须对现有资源进行重组、整合，精心编制试题。

## 二、精心评卷批注

精心评卷批注，能为试卷评讲分析扫清障碍，提供更多时间和空间。学生交上一份质检答案，期间不知花费多少时间和心血。从听讲到课后练习，考前复习，考试答题都付出不少精力，不管答得好与差，掂量一下，就知道它的分量。所以，我们不但要评卷，还要精心给学生批注，这是进行个别教育的最好机会。放在案几上的一份份答卷，宛如一个个鲜活的面孔在我们面前浮现，给试卷批注，犹如在和学生谈心，无声胜有声，一夜谈不完，谈两夜，乃至三夜。这是一种以人为本的人文关怀，是一种润物无声的奉献。笔者把批注的内容归结为五个类型。

第一，鼓励表扬型。不论分数高低，只要肯学习、有进步，就给予肯定。如："你学得扎实，进步快，希巩固、提高。""你还有潜力发挥，某某题还可多得一些分。""这道题解题思路和方法好，难得！""你最近认真听讲了，练习做多了，已收到了一些效果，继续努力吧！"寥寥数语，沁入心田，学生得到鼓励，身心愉快。

第二，点拨型。解题思路和方法对，但遇到"拦路虎"，造成解题中断，多数是爱学习的中上层学生的问题。知识的盲点不是真的不懂，是提取不出来。如"你已接近成功，只差一点点"然后写上用什么知识，或往哪一方面想可解决问题。教师的批注，必然使学生感到亲切，并引起高度重视，强化了记忆，避免重蹈覆辙。

第三，安慰鼓励型。有些学生读"死"书，学习虽用功，但答卷很糟糕，答得满满，很遗憾，没得分。有些学生平常成绩好，但发挥不出来，成绩偏低。学生往往过分自责，心情沮丧。需要给他们安慰和鼓励："你学习很用功，改变学习方法，今后一定能进步，勿灰心。""你能做出不少难得分的题，理解能力不错，但不能丢失基础，好好总结教训，下次就能交出满意的答卷。"

第四，指导型。有些学生知识要点缺失，有的思路不对，有的不懂得审题，有的不注意题干关键词隐含的信息，造成题不会做或做错。需要提醒他们："××方面的知识要弄清楚，请研读课文第×页内容，《第二课堂》第×页的相关内容，然后再思考。""思路不对，找不到方向"，把学生应该怎么想，一一写出来。"要按照老师讲的方法来做题，一环扣一环，找出甲乙丙的内在联系，就能找到答案。”

第五，批评型。学习不认真，或不认真听讲，导致学习成绩退步，就批评：“你最近不认真听讲，作业是否认真完成？请自省。”“你太粗心了，答案马虎潦草，很多分数是不该失去的，真遗憾。”“做事要诚实，要独立思考，不要抄袭别人的。”

通过评卷批注，无论是鼓励、安慰，还是指导、批评，都是针对具体人、具体事的。有直指对象，落到点子上，受批评的学生也不会在公开场合失面子，自己心知肚明，知错就改，体现了以人为本的人性教育。如果泛泛而谈，没有具体的客体，如隔靴搔痒，没有什么效果。同时，还能为课堂精心分析评讲腾出时空。

## 三、精心分析评讲

通过两个精心准备，课堂评讲的效率大大提高了。抓大放小，将简单的、学生能自行解答的问题放手，让活动小组的同学相互辅导、帮助，培养学生，锻炼学生。把主要任务放在突出的问题上，归纳为几条主线，边复习知识点，边评讲，边充实，边强化训练，把缺失的东西系统化，从源头上查漏补缺。

例如，对化学平衡部分的质检，教师把出现的主要问题归纳为五个方面：

第一，对概念的理解、深化、掌握不好；

第二，压强与气体物质的量之间的关系不会转换；

第三，对恒温恒容、恒温恒压下的等效平衡必须具备什么条件、有什么特点等认识模糊。

第四，应用化学方程式计算，用起始、转换、平衡三步法来进行，此知识点掌握不好；

第五，非智力因素的失误。

然后精心分析评讲，篇幅所限，以第一个问题为例做简要说明。在复习时可以先提问：

（1）化学平衡的标志之一是什么？（$V_{正}=V_{逆}$）

（2）对一个具体化学反应，用不同物质作标准，它们的速率有什么联系？（等于各物质化学计量数之比）

（3）试题中有 4 道题涉及这方面内容，有没有直接告诉我们 $V_{正}=V_{逆}$？

（4）从什么地方可以判断 $V_{正}=V_{逆}$？

把 4 道习题摆在一起分析评讲，找出共同点，分析得清楚、透彻，采用类比手法帮助学生理解。再布置类演题 2 ~ 3 道作课外练习，巩固加强该知识点。

通过精心分析评讲，抓住主要问题，围绕一条主线，强化训练，既不重弹老调，又扫清盲点，使薄弱环节得到有效和及时的加强，教学质量的实效性比较突出，下一次出现类似的知识点，学生审题和解题能力都有提高，降低错误率。

**参考文献**

[1] 刘京海．成功教育［M］．福州：福建教育出版社，1993.
[2] 魏书生．思维能力测验与引发［M］．沈阳：辽宁民族出版社，1991.

# 化学科学习目标设定与学习效果初探

张仲曙

学习目标是学习者预期想要达到的效果和标准，及早明确自己应该学习什么，应该在哪段时间完成，达到什么程度。学生追求自己的学习目标时，就能自觉、努力地学习，一切行动会朝着目标前进。如果没有学习目标，就如同航海没有灯塔，很容易迷失方向，学习起来很盲目，而盲目的努力对学习帮助不大。近两年来，笔者经过对高一、高二部分学生和班级化学科学习目标设定与学习效果的跟踪，获得了一些经验。

## 一、案例分析

**【案例Ⅰ】**2015 年 10 月上旬，笔者对高一（6）班学生提出近期学习目标设定要求，通过期中考测评验收。全班 62 人，上交学习目标 42 人，未上交 20 人，这 20 人里中层生较多，有一些是前列生。主要原因是目标不明确、懒散。在学习目标设定中，各人目标角度不同，但都具体。有人设定目标比第一次月考高 10～20 分，有人设定接近或赶超某同学分数，有人设定获得学科前三名，有人设定比班内倒数第二、三名的同学分数高。

期中考检测结果显示，没有设定目标的 20 位同学中，进步的有 2 人，占 10%，无明显变化的 6 人，占 30%，退步的 12 人，占 60%。而有设定目标的 42 位同学中，学科分数提高 10 分以上的有 16 人，学科成绩仍未达到预期目标但名次有进步的 17 人，两种情况合计33人，占78.6%，进步人数比无设定的高出68.6%；无明显进步的3人，占7.1%，完全不能完成目标任务甚至退步的6人，占14.3%。

从数据分析可知，有设定学习目标的比无设定学习目标的，进步人数明显增多，而且发现有的成绩提高幅度较大。在设定目标的同学中，有的无明显变化，或不能完成目标，主要是目标设定太高，或者原来是在高分层，再提高比较难。倒数第二、三名的同学有明确目标。

**【案例Ⅱ】**对黄××等7位同学化学科学习成绩一直进行跟踪，他们都设定短、中、长期目标，现将近两年来普宁市统考化学成绩列表比较：

| 姓名 | 中考成绩 | 2014—2015年化学统考分数（高一） | 2014—2015年化学统考市平均分 | 2015—2016年化学统考分数（高二） | 2015—2016年化学统考市平均分 | 2015—2016年化学统考分数（普宁二中） | 2015—2016年化学统考分数（华侨中学） | 2015—2016年化学统考分数（新世界中英文学校） |
|---|---|---|---|---|---|---|---|---|
| 黄×× | 382 | 91 | 40 | 69 | 34.94 | 41.94 | 33.61 | 47.24 |
| 连×× | 590 | 62 | | 68 | | | | |
| 马×× | 626 | 67 | | 57 | | | | |
| 赖×× | 630 | 82 | | 56 | | | | |
| 罗×× | 610 | 54 | | 55 | | | | |
| 王×× | 642 | 56 | | 54 | | | | |
| 秦×× | 435 | 61 | | 50 | | | | |
| 备注 | 黄××化学成绩2017年并列市第八名，统考数据来自教研室各科成绩统计，下同。 | | | | | | | |

2016 年高二化学考题难度比较大，全市理科参加考试人数 21 937人，及格人数1 506 人，及格率6.89%。上面7 位同学从高一到高二两次统考，成绩都在年级中比较突出，当然黄××、赖××两位同学波动幅度较大，但 7 位同学两次统考分数都能超过全市平均分，跨越优质学校平均分，这说明有设定短、中、长期学习目标的学生，尽管起点不高，甚至比较低，但由于短、中、长期学习目标符合实际，有连贯性，能在各时段完成目标任务，长期付诸行动，完全有可能超越优质学校的许多学生。当然，这里不是说本校学生比优质学校学生优秀，而是作为一个视角，重点说明班级前列生之所以能赶上或超过优质学校学生，是因为学习目标明确，学习效果好。

**【案例Ⅲ】**2015—2016 年度高一（6）班和高一（8）班化学科成绩比较，高一（6）班规定人人设定短、中、长期化学学习目标，高一（8）班不作要求，两班起点成绩无差距。

| 班级 | 人数 | 第一学期期中考平均分 | 第一学期期末统考平均分 | 第二学期期中考平均分 | 2015—2016 年度市统考平均分 |
|---|---|---|---|---|---|
| 高一（6）班 | 60 | 54.05 | 42.3 | 45.4 | 30 |
| 高一（8）班 | 58 | 50.08 | 38.8 | 41.6 | 26 |

上表显示：两个班级进行比较，有设定学习目标的班级，各次平均分比无要求设定的要高。

三个案例充分表明，学习目标具有导向、启动、激励、凝聚、调控等心理作用。中国科学院心理学研究所关于《目标设定对作业行为影响的实验研究》表明，实验中确定明确学习目标的理科生平均计算用时，明显低于实验Ⅰ中没有明确学习目标的学生，达到非常显著的差异。还有一些研究表明，完成同样的学习任务，学习目标明确比没有目标的可以节省60%的时间。有人说，没有学习目标，就像漫步街头不知走向何处的流浪汉，是对学习时光的极大浪费。设定短、中、长期学习目标能催人奋进，从而产生为实现这一目标奋斗的力量，能大大提高学习效果。

## 二、问题与对策

在对个人和班级学习目标的纵横跟踪研究中，笔者发现存在以下问题：

（1）有的学生目标设定太低，与学习成绩最差的学生比较，有设定等于无设定，无意义；有的学生目标设定太高，不能完成目标任务，反而打击了积极性，使自信心降低。

（2）有的学生学习目标设定不具体、空泛、含糊，缺乏执行力。

（3）有的学生只设定短期目标，走完一步，就不知道下一步怎么走；有的学生无设定中期学习目标，目标设定中断，长、短期目标不衔接等。

针对以上问题，笔者觉得可以从以下方法入手：

第一，根据自己的实际水平制订目标，短、中、长期目标相结合，不要幻想学习成绩在短期内就能大幅提高。每个小目标的完成，是长跑途中的啦啦队，能鼓励你继续前行。

第二，学习目标要具体明确，学习的方向具体清晰，每一阶段的任务都展现在眼前，知道怎么去做。

第三，学习目标要切实可行，又要富有挑战性，是经过努力可以实现的。

第四，学习目标要数字化、可检测，能对自己的学习结果作出评价，知道是否进步，定期进行检查。

第五，学习目标要有时限性，以强迫自己在一定时间内完成一定任务。这样，学习精神才集中，才有激励作用。

最后，在设定化学学习目标时，教师可以告诉学生，在化学学习目标的末尾，补上这段话，警醒自己：“我已确立自己的学习目标，成功的道路是由目标铺成的，我必须完全投入自己的目标，把每一次练习、每一次思考、每一份用功都投入到完成小目标的行动中，没有人能一步登天，不管路途多远、多么崎岖，我都要持之以恒，心甘情愿地一步一步往前走，直到最后成功。”

**参考文献**

［1］方俐洛，凌文铨，高晶，刘大维．目标设定对作业行为影响的实验研究——计算能力纸笔测验的计算机程度化［J］．心理科学，1991（6）．

［2］凌文铨，滨治世．心理测验法［M］，北京：科学出版社，1988.

［3］凌文铨．关于“测验焦虑”的研究［J］．心理科学进展，1988（2）.

# 优化生物课堂教学　提高学生学习效率

庄浩川

高中生物是一门自然科学，相比其他学科，其知识面比较广，需要思考和总结的内容比较多，需要理论联系实际，一些知识点要记忆。但生物又不能让学生死记硬背，教师必须让学生把知识点理解透彻之后，把知识梳理化、网络化，进行加工整理，便于学生轻松掌握。

## 一、在课堂教学中运用关键词记忆串法

高中与初中相比，知识量大，内容深，学科知识的概念性强，需要学生掌握大量的定理、公式和应用，特别注重学生综合运用各种学科知识的能力。在教学中，将知识点的关键词串联起来，形成一条记忆串，简单明了，记忆清晰。

**【案例 1】**高中生物必修 1《分子与细胞》知识点整理

（1）八种必需氨基酸：

甲硫氨酸　色氨酸　赖氨酸　缬氨酸　异亮氨酸　亮氨酸　苯丙氨酸　苏氨酸

（假设来借一两本书）

（2）细胞的基本结构中，有关细胞器的记忆：

双线叶（双层膜：线粒体、叶绿体）

单网高液酶（单层膜：内质网、高尔基体、液泡、溶酶体）

无心糖（没有膜：中心体、核糖体）

（3）微量元素：

Zn　Fe　B　，　Cu　Mo　Mn

新　铁　臂　阿　童　木　猛！

（4）绿叶的四种色素及层析的顺序（上到下）：胡黄 AB。

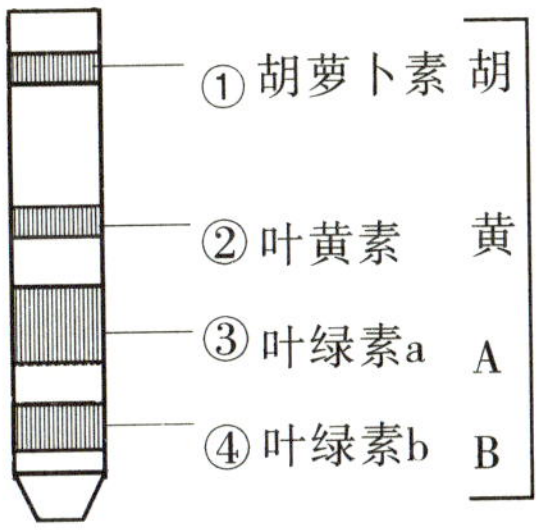


【案例 2】高中生物必修 2 第 5 章第 3 节《人类遗传病》知识点整理

- 人类遗传病
  - 单基因
    - 常染色体
      - 隐：白化病、先天性聋哑、苯丙酮尿症、镰刀型贫血症（记：白聋苯刀）
      - 显：多指病、并指病、软骨发育不全症（记：多并软）
    - 性染色体
      - X
        - 隐：红绿色盲、血友病、进行性肌营养不良（记：色友肌）
        - 显：抗 VD 佝偻病、钟摆型眼球震颤、先天性肾炎（记：抗钟肾）
      - Y：鸭蹼症、外耳道多毛症（记：鸭毛）
  - 多基因：唇裂、无脑儿、原发性高血压、青少年型糖尿病（记：唇脑高压尿）
  - 染色体异常遗传病
    - 常染色体：猫叫综合征、21 三体综合征（记：猫体）
    - 性染色体：性腺发育不良（XO）（记：XO）

在轻松的氛围中，让学生快速掌握核心知识，培养创新思维。

## 二、在课堂教学中运用口诀记忆法

口诀记忆法就像一棵树的树干，通过让学生记住口诀中的关键特征，给学生一个骨架，再让学生去贴上树叶，让学习变成一种文字游戏。一些口诀整理如下：

【案例3】

植物有丝分裂

间期：复制合成与生长。

前期：两消两现一散乱。

中期：形定数晰赤道板。

后期：点裂数加均两极。

末期：两现两消细胞板。

通过口诀记忆法，学生就能将各个时期的特点很快记住并转化为具体内容：

间期：DNA复制和有关蛋白质合成，细胞适度生长。

前期：核膜、核仁逐渐消失，纺锤体、染色体逐渐出现，染色体散乱分布。

中期：染色体形态稳定，数目清晰，着丝点整齐地排列在赤道板上。

后期：着丝点分裂，染色体数目加倍，在纺锤丝牵引下平均移向细胞两极。

末期：核仁、核膜重新出现，染色体、纺锤体消失，在赤道板上出现细胞板形成细胞壁。

【案例4】

人类遗传病系谱图遗传型判断口诀

无中生有为隐性，有中生无为显性。

隐性看女病，女病男正为常染色体。

显性看男病，男病女正为常染色体。
传男不传女，为伴 Y 遗传。

说明：原则上找有上下代的患者，先判断显隐性，然后判断是否伴性。父病子病女不病为伴 Y 遗传，可直接判断。

## 三、运用表格归纳法巧记生物知识点

表格归纳法可以把零乱的知识系统化，进行横向纵向比较，起到加深印象的作用，有利于学生对知识的系统掌握，引导学生从中得到深层次的思维训练。

【案例 5】高中生物必修 1 实验用到的试剂整理

| 物质 | 试剂（条件） | 颜色或现象 | 显微镜 | 是否现配 |
|---|---|---|---|---|
| 还原糖 | 斐林试剂（水浴加热） | 砖红色 | 否 | 是 |
| 脂肪 | 苏丹Ⅲ | 橘黄色 | 是 | 否 |
| | 苏丹Ⅳ | 红色 | 是 | 否 |
| 蛋白质 | 双缩脲试剂 | 紫色 | 否 | 否 |
| DNA | 二苯胺试剂（加热） | 蓝色 | 否 | 是 |
| | 甲基绿染液 | 绿色 | 是 | 否 |
| RNA | 吡罗红染液 | 红色 | 是 | 否 |
| 淀粉 | 碘液或碘蒸汽 | 蓝色 | 否 | 否 |
| $CO_2$ | 澄清石灰水 | 浑浊（白色沉淀） | 否 | 否 |
| | 溴麝香草酚蓝 | 蓝色→绿色→黄色 | 否 | 否 |
| 酒精 | 重铬酸钾（酸性） | 灰绿色 | 否 | 否 |
| 线粒体 | 健那绿染液 | 蓝绿色 | 是 | 是 |
| 染色体 | 酸醋洋红 | 红色 | 是 | 否 |
| | 龙胆紫 | 紫色 | 是 | 否 |
| 细胞 | 台盼蓝染剂 | 死细胞染色，<br>活细胞不着色 | 否 | 否 |

## 四、结合实际，巧妙地运用资源，对课本细节进行适当的调整

要理论联系实际，对课本中学生难以理解和掌握的知识点，巧妙地创新思维和教学模式，因材施教。

【案例6】在讲述必修1第6章第1节的《细胞增殖》时，教材中有一个重点内容——细胞体积越大，其相对表面积越小，细胞的物质运输的效率就越低。这个知识点，教材并没有给出解释，同学们都认为细胞体积越大，其相对表面积应越大，而“相对表面积”解释为：表面积与体积之比。于是，笔者用课后练习“选择题1”的几幅图片作为一个最有说服力的事例，让学生把知识理解清楚。

总之，在高中阶段，学生的学习负担是比较沉重的，如何把知识系统化、简明化，培养他们良好的学习习惯和学习方法，是教育工作者应该探索的方向。

### 参考文献

[1] 段继扬．创造性教学通论［M］．长春：吉林人民出版社，1999.

[2] 姚金兰．中学新课程教学模式初探//创新教育模式的思考与实践［C］．北京：中央民族大学出版社，2001.

# 调整体育课堂结构 培养学生运动兴趣

罗益洲

兴趣是个体力求认识某种事物或从事某种活动的心理倾向。瑞士心理学家皮亚杰（J. Piaget）指出："兴趣实际上就是需要的延伸。它表现出对象与需要之间的关系，因为我们之所以对一个对象发生兴趣，是由于它能满足我们的需要。"人的兴趣是建立在需要的基础上，在活动中发生、发展起来的。需要的对象就是兴趣的对象。所以，要培养学生的运动兴趣就必须满足学生运动的需要，才能做到有的放矢。但不同的学生对体育运动有不同的需求，各有各的爱好。如有的学生喜欢足球，有的喜欢篮球、乒乓球、田径、武术、体操。如何满足学生的需要，培养学生的运动兴趣，笔者认为，首先应打破传统教学模式，不要死搬硬套教材内容，而应根据学校的实际情况，在遵照中学体育教学大纲的前提下，把原有教材内容进行分类，并设立一些学生较喜欢、感兴趣的项目，如足球、篮球、乒乓球、羽毛球、体操、武术等以供学生选择。学生必须选出自己较感兴趣的1～2个项目，余者作为选修项目。再根据本校体育教师的实际情况，选择相符或接近各项目的教师分工任教。各个项目再根据实际分为不同等级，经常开展课外比赛。通过这些措施，基本上能从学生的运动爱好出发，激发学生学习的积极性，较大程度地提高学生的运动水平及运动兴趣。

## 一、学生的运动兴趣取决于学生的运动需要

对学生来说，从事体育活动都是源于兴趣，兴趣是体育锻炼的主要动力。兴趣作为人对客观事物存在的意义的一种积极的认识倾向，可以促进人们进行全新的探索。故此，对学生的兴趣进行培养和激发是保证体育课质量的前提。① 如何满足学生的运动需要，是培养学生运动兴趣的关键所在。所以，在教学中应想方设法满足学生的运动需要。不同的学生有不同的运动需求。而按教材内容授课，基本上无法满足学生的运动需要，更无法提高学生的运动兴趣。以普宁职业技术学校为例，学生来源于全市各地区，甚至相邻各县市，由于各地师资力量、场地、器材设备存在着很大的差距，很多学校连运动场都没有，学生的运动水平不尽相同，按教材授课，难以取得较好的效果。比如篮球课中行进间双手胸前传接球，对有一定基础的学生来说，完成本课的学习任务易如反掌，但对那些篮球基础较差甚至一点都不懂的同学来说，那便是一个大问题。这样就无法圆满完成教学任务，满足学生的运动需求，提高学生的运动兴趣，反而起负面的影响，导致有些学生对体育产生恐惧心理，给实现全民健身计划带来麻烦。再者，由于职业学校所设专业的特殊性，导致男女生比例失衡，甚至出现幼师专业纯女生及电子技术专业纯男生的现象。而男女生的运动需求截然不同。若按教材授课，其教学效果可想而知。所以，在遵照中学体育教学大纲的前提下，参照教材的有关内容设立足球、篮球、乒乓球、羽毛球、体操、武术等项目，让学生凭自己的爱好选择 1 ~ 2 项，其余作为选修项目，由教师按实际分工执教，这样既能满足学生的运动需求，提高运动兴趣，同时也能发挥教师的专长。

---

① 张涛．激发学生运动兴趣，养成体育锻炼的习惯［J］．亚太教育，2016（12）．

## 二、教师的专业水平有利于学生运动兴趣的培养

随着社会的发展，科技的进步，运动水平的不断提高，对体育教师的要求也不断提高。教师也要不断学习专业知识，以满足学生的运动需求。但受时间、年龄等客观条件限制，一个体育教师要做到对各种运动不但有高深的理论基础，同时有较规范的示范动作是不可能的。假使一个教师本来不会打篮球，为了给学生授篮球课，他尽力学习了一定的基本知识，但只会说不会做，试问其教学效果会如何？能否调动学生学习的积极性，激发学生的运动兴趣？反之，如果教师对此项目专业知识很强，理论知识讲得好，动作示范得好，那对学生的影响及感染力就更强，学生便以教师为榜样，积极学习、锻炼。所以教师的分工教学，不但能更好发挥自身的特长，而且对满足学生的需要、培养学生的运动兴趣有着重要的作用。

## 三、运动项目设立不同等级是提高学生运动兴趣的有力措施

实验表明，中学生对运动项目的兴趣变化随着对运动的认识和身体素质不断发展而提高。中学生对运动项目认识程度、参加运动的意义不断加深，势必导致学生对运动项目兴趣的倾向性。[①] 由于不同的体质和不同的认识以及不同性别，不同学生的运动水平和运动兴趣是不同的。体育教师要根据实际情况，把各个项目分成不同运动层次，因材施教。虽然学生凭自己的爱好选择运动项目，但他们的基础也存在差异，如按传统的教学方式进行教学，将出现同样的问题，运动水平较高的学生得不到提高，较差的同学无法掌握好。所以，把项目分成不同运动层次，不管运动基础是好是差都让其得到相应的提高，这是提高学生运动兴趣的有力保障。

---

① 林莉．中学生对体育运动项目兴趣程度的调查分析［J］．福建师大福清分校学报，1993（2）．

此外，组织比赛过程中，也要按不同级别进行，让学生在同一水平进行比赛，有利于同学们树立信心、坚定信念、提高兴趣。同时，举行一些水平相对较高的比赛也有利于促进学生运动兴趣的提高。

学校体育作为终身体育的一部分，是非常重要的，而兴趣有促进学生自主学习和终身坚持锻炼的功能。教师无论是对教学方法的更新还是教学内容的选择，都应关注学生的运动兴趣，只有使学生一直保持运动兴趣，才能让学生自觉、积极地进行体育锻炼。[①] 体育教师要通过各种方式和途径，来增强学生身体素质，促进学生运动水平的提高，满足学生的要求，培养学生的运动兴趣，为学生养成终身运动的习惯打下坚实的基础。

① 范玉红．论高中生体育运动兴趣的培养［J］．学周刊，2013（20）．